제2판

죽기 전에 승무원 하고 싶다

최은유 저

B (주)백산출판사

머리말

승무원의 꿈이 단지 '꿈'에서 끝날 수도 있겠다는 생각이 드는 이에게,

예쁘지 않고,
공부도 잘하지 못했던,
타고난 재능 하나 없었던,

내 꿈은
'승무원'이었다.

그러나
막막했다.

내게 승무원 준비과정은 베일에 싸여 있는 것만 같았다.
게다가 난 면접 울렁증도 있었고, 영어공부는 무모한 도전처럼 느껴졌다.

연이은 면접 실패 앞에서
어쩌면 객실 승무원의 '꿈'이 단지 '꿈'에서 끝날 수도 있겠다는 두려움이 문득 몰려왔다.

딱 마지막으로 한 번만…
결국 승무원이 되지 못하더라도…
후에 더 이상 나 자신에게 미련의 여지가 없도록…
그렇게 나는 죽기 살기로 항공사 면접을 준비하기로 마음먹었다.

그리고…
비로소 영원히 '꿈'일 것만 같던 꿈이 현실이 된 삶에서 나는 살게 된 것이다.

그렇기에 죽기 살기로 면접을 준비했었던 내가 써 내려가는 노하우는 다른 면접 책의 노하우
와는 확연히 다르다고 말하고 싶다. 본서는,

> 첫째, 아주 낮았던 자존감을 갖고 있었던 내가 승무원이 되기까지의 과정을 재미있게 그
> 렸다.
>
> 둘째, 아무에게도 말하지 않았던 내 면접의 실패 사례들을 공개하며 독자들에게 면접 시
> 크릿 포인트를 콕 짚어주었다.
>
> 셋째, 알파벳만 알면 함께 준비할 수 있는 영어 공부법을 일러주었다.
>
> 넷째, 원인 모를 서류 탈락은 더 이상 없다! 99% 합격하는 이력서 작성법을 공유했다.
>
> 다섯째, 면접 기출문제를 면접관의 관점에서 분석하여 면접관이 원하는 방향성의 답변을
> 생각할 수 있도록 유도했다.
>
> 여섯째, 승무원 생활을 미리 경험하고 싶어 하는 독자들을 위해 나의 좌충우돌 버라이어
> 티했던 비행일기를 공개했다.

본서를 읽는 그 누군가의 '꿈'을 '현실'로 선물하고 싶은 저자,
최은유 드림

차례

CONTENTS

죽기 전에 승무원 하고 싶다

차례

지금도 늦지 않았다.
당신의 꿈을 이뤄낸 꿈 같은 현실에서 살 것인가.
꿈을 포기한 현실 같은 현실을 살 것인가.
당신의 선택만이 존재할 뿐이다.

Step 1
바닥 자존감 회복하기

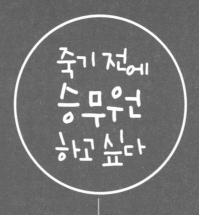

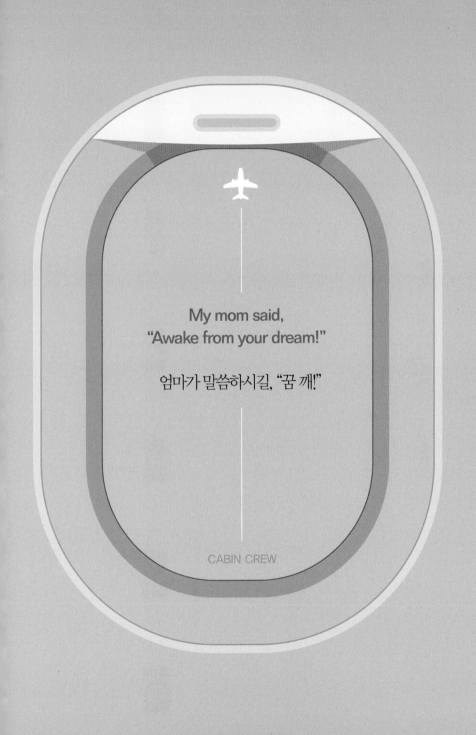

죽기 전에
승무원
하고 싶다

cabin crew

My mom said,
"Awake from your dream!"

 엄마가 말씀하시길, "꿈 깨!"

"엄마, 나도 언니처럼 유학 보내줘요~~"

"안 돼. 언니가 다녀온 지 얼마 안 돼서 힘들어. 넌 좀 참아. 나중에~ 나중에 기회 되면 보내줄게."

둘째의 서러움을 아시나요? 어릴 적부터 다섯 살 터울의 언니가 있는 덕분에 쭉 언니 물건을 내리받아 학창시절 나는 새 학용품은 꿈도 못 꾸며 자라왔다. 다니고 싶었던 피아노학원이며, 보습학원도 언니가 현재 다니고 있으니, 난 알아서 잘한다며 안 다녀도 된다는 어머님 말씀에 언젠가는 내가 가보고 싶은 곳을 마음대로 가보고, 하고 싶은 것을 다 할 수 있게 될 삶을 꿈꾸며 자랐다. 대학교 1학년, 유학을 보내주지 않는 어머니께 입이 10센티나 나와 내 힘으로 돈을 벌어 해외로 나갈 방법이 없을까 하고 고민하던 중, 항공 객실 승무원이라는 직업이 눈에 들어왔다. 그때까지 특별하게 잘하는 것도 없었을 뿐만 아니라 하고 싶은 것도 없었던 내 머릿속에 이 꿈을 이뤄보고 싶다는 마음이 가득차기 시작했다.

"엄마, 나 객실 승무원이 되고 싶어요!"
"네가? 하하하하하하하하하하하하하하! 너 같은 메주도 뽑는대? 한번 도전은 해보렴."

승무원이 되고 싶다던 내 말에 어머니께서는 '모기가 피 토하는 소리 하고 있네'라는 표정으로 나를 영혼 없이 응원해 주셨다. 말은 항공 승무원이 되고 싶다고 선전 포고를 했지만, 나도 나의 평범한 외모와 부족한 영어실력에 막막함이 먼저 찾아왔다.

'그래! 승무원 학원을 다니면 승무원이 되는 법을 배울 수 있을 거야!!' 엄마를 졸라 겨우 학원비를 얻어내어, 저 멀리 서울에 있는(참고로 나는 광주에서 살았던 소위, 광주 촌뜨기였다.) 학원에 등록을 하고 주말마다 수업을 듣기 위해 서울로 원정(?)을 다녔다. 학원에 다니다 보니 나의 부족함을 많이 깨닫게 되었고, 다른 승무원 지망생들과 나를 비교만 하고 있는 자신을 발견했다. 이러한 부족한 자신감은 더 열심히 해서 합격해야겠다는 생각보다는 승무원의 꿈이 단지 '꿈'에

서 끝날 수도 있겠다는 생각을 더욱 강하게 심어주었다.

부모님과 친구들에게 이미 창피함을 무릅쓰고, '승무원 될 거야' 라고 선전 포고했던 나 자신이 한없이 부끄러워지기만 했다. 특히 "아, 은유 너도 승무원 준비했었구나. 보통 여자애들 한 번쯤은 다 준비해 보는 거 아니야?"라는 이 말이 친구들에게 어찌나 듣기 싫었는지 모른다.

서울에 있는 학원에서 광주로 돌아오는 길에, 아직 준비가 되어 있지 않은 나를 냉정히 바라보곤, 혼자서 승무원 스터디 계획을 세웠다. 더군다나, 전라도 광주에서 승무원 스터디를 찾기란 하늘의 별 따기였다. '승무원 스터디가 만들어져 있지 않으면, 내가 만들면 되지'란 생각으로 승무원 스터디를 무턱대고 만들어 대학 사이트와 전현*라는 승무원 준비생 카페에 모집 글을 올렸다. 수도권만큼 많은 사람이 몰리진 않았지만, 나와 비슷한 마음의 사람들이 꽤 있었다.

우리는 희망 항공사의 기출문제를 모아 답변을 만들었고 함께 내용을 숙지했다. 또한 모의면접을 진행하며 서로에게 면접관이 되어주었다. 뿐만 아니라 그룹 토의 면접을 준비하며 서서히 면접의 감을 익혔다. 준비 과정 동안 가장 힘들었던 것은 이 피드백과 답변들이 '과연 올바른 방향성일까?'라는 의구심이었던 것 같다. 하지만 이런 의구심을 접어두고, '이 정도면 합격하겠지!'라는 안일한 마음으로 면접에 응했다. 처음부터 외국에서 살고 싶다는 생각이 컸었던 나는 외국 항공사(외항사) 채용공고에 도전했다.

결과는 참패였다.

답변 숙지도 그랬고, 자신감도 없었던 터라 면접관 앞에만 서면, 민망할 정도로 얼굴 근육이 바들바들 떨렸다. 면접관이 질문하기 전 '제발 내가 준비한 것만 물어봐주세요. 혹은 빨리 지나가라.'라는 마음만 들 뿐이었다. 면접관의 질문을 듣고 답을 하려 하면 연습했었던 답변도 '내 머릿속에 지우개'가 있는 것처럼 하얘졌다.

'What is your favorite animal?'

이 쉬운 질문에 원래 준비했었던 답변인,

"My favorite animal is a rabbit. To jump further, a rabbit keeps low posture. When she is ready, she leaps up for her aim. Like a rabbit, I will aim to be a great cabin crew and I will do my best humbly."

그러나 면접장에서 내가 실질적으로 말한 답변은,

"Rabbit! It's so cute."

이었다. 면접장에서 나와서 나는 내가 무슨 말을 했는지 전혀 기억도 나지 않았다. 그럼에도 불구하고 면접관이 나를 어여쁘게 봐주었길 기도했다. 결과는 보나마나 낙방이었고, 나는 그 면접관을 마음속으로 미워했다.

'뽑힌 친구들 보니 미스코리아처럼 예쁘지도 않던데… 영어도 썩 잘하지도 않더구먼… 흥.'

어설프게 준비해 왔던 나 자신을 비판하는 게 아니라, 열정적인 나를 알아봐주지 않는 면접관을 탓했던 것 같다. 이러한 마음가짐으로 나의 면접 장수생의 길은 계속되었다. 놀 거 다 놀고, 게으름 피울 거 다 피우며 계속해서 떨어지는 결과에 괜히 용하다는 점집 앞이나 기웃거리고, 성형외과 상담도 수차례 받아보았다.

그렇게 장수생 생활 3년에 접어든 어느 날, 승무원 준비생의 길을 계속 가야 하나 진지하게 고민을 했다. 그러던 중, 우연히 희망 항공사 승무원의 웹페이지를 발견하게 되었다. 그분은 뛰어난 미모의 소유자는 아니었다. (모르는 누군가의 외모 평가에 의해 의문의 한 패를 얻게 된 그분께는 심심한 사과의 말씀을 올린다.) 대체 나보다 어떤 부분이 면접장에서 더 특별했을까를 골똘히 생각해 보았다. 그리고는 그날 밤, 마음속으로 다짐했다. 마지막으로 딱 1번만, 나중에 승무원이 되지 못

19

하더라도 더 이상 나 자신에게 변명의 여지가 생기지 않을 만큼 제대로 준비해 보자고.

다음날 나는 전현* 카페에 들어가 명예의 전당이라는 폴더에서 희망하는 항공사 합격수기 50편 이상을 전부 다 모아 각 합격생의 기출문제, 그리고 팁과 노하우를 정리하기 시작했다. 이후 기존 면접 관련 도서에 나와 있는 예문 틀에 맞춰 썼던 나의 답변들을 과감히 버리고 내 이야기의 솔직한 답변들을 써 내려가기 시작했다.

'면접관이 이 이야기를 정답이 아니라고 생각해도 좋아. 그냥 진짜 나라는 사람의 이야기를 들려주고 오자.'

또한 떨리는 상황에서도 얼굴 근육이 흔들리지 않도록 매일매일, 심지어 잠들기 직전까지 웃으며 답변을 말하다가 잠이 들었다.

면접 준비에서 나의 가장 큰 장벽은 바로 영어였다. 외국 항공사 (외항사) 지망생들에게 영어, 특히 영어회화는 필수였기에 나는 영어를 처음부터 시작하기로 마음먹었다. 친구들의 놀림에도 흔들리지 않고 과감히 토익책을 덮어두고, 초등학교 6학년 문법책부터 공부하기 시작했다. 초등학교 문법책은 영어 초보자를 위해 설명이 매우 자세히 그리고 단계별로 차근차근 나와 있었기에 머리가 썩 좋지 않은 나조차도 쉽게 공부할 수 있었다.

또한, 시간제 업무와 학교생활을 병행했던지라 잠자는 시간을 줄여가며, 영어 회화 스터디를 직접 만들어(전라도 광주에는 그때 당시 영어 회화 스터디가 많지 않았다.) 매일 부족한 영어 말하기 연습을 1시간 이상씩 했고, 길에서 지나가는 외국인을 붙잡고 말을 걸어 친구로 만들었다.

그러던 어느 날,

'노력은 결코 배신하지 않는다'라는 말을 믿게 된 성과가 나에게도 찾아왔다.

사우디아라비아를 베이스로 했던 저가 항공에 첫 합격, 아부다비 소재의 에티하드항공에 자신있게 합격, 그리고 승무원들의 꿈의 항공사인 KLM 항공까지 3관왕에 이른 것이다.

내가 이 자리에 설 수 있기까지, 부단히 힘든 길을 나 자신과 싸우며 버텨야 했다. 매일 아침 눈을 뜨면 승무원 꿈을 이룰 수 있을까라는 불확실한 미래에 흔들리지 않도록 마음가짐을 수없이 다잡아야 했었고, 내가 위치하고 있었던 부족한 영어실력, 면접공포증, 넉넉하지 못했던 자금상황에 실망하거나 두려워하지 않고 가장 겸손한 자세로 용감하게 하나하나씩 싸워나가야 했다.

승무원 준비 시절에 선배 합격생들에게 가장 많이 들었던 조언이 '너다워져라!'라는 말이었다. 그땐 그 말의 의미가 왜 그렇게 어려웠는지 모른다. 하지만 면접관에게 잘 보이기 위해 소위, '면접 프레젠테이션'을 준비하는 나를 과감히 버리고 자연스럽게 면접관과 대화하러 간 자세에서 가장 나다워졌었던 것 같다.

　나약하고 쉽게 포기하는 누군가에게는 꿈에서 끝나버릴 수도 있는 직업이 감히 승무원이라 말할 수 있겠다. 그러나 예쁘지 않고, 특별한 재주가 없는 나와 같은 누군가가 적어도 끈질기게 노력하고, 많은 사람들이 믿는 면접 운에 기대기보다는 지극히 현실적으로 차근차근 부족한 부분을 보완해 나간다면 승무원의 꿈을 현실로 만들 수 있을 것이라 자신있게 말하고 싶다.

Everything happens
for a reason

모든 일에는 이유가 있다

CABIN CREW

Everything happens
for a reason

 ----- 모든 일에는 이유가 있다 -----

승무원 준비생들이 나와 면담을 하면 꼭 묻는 질문이 있다.

"교수님, 교수님은 처음부터 면접에 쉽게 합격했을 거 같아요. 면접에 합격할 수 있는 노하우(Know—how) 좀 알려주세요!"

나는 솔직히 영어를 그렇게 잘 하지도, 면접 답변이 훌륭하지도 않았다. 하지만 내가 결정적으로 합격할 수 있었던 이유를 찾는다면, '나'다워지려고 노력했고, 면접관과 대화하려고 노력했다고 말할 수 있다.

마치 'Know—how(비법)'라는 단어가 'I(나)'를 만나 'I Know how!'(나는 방법을 알고 있다.)로 뜻이 바뀌듯이 말이다.

이번 Everything happens for a reason [모든 일에는 이유가 있

다.]에서는 누군가에겐 부끄러운 일이라 이야기하고 싶지 않을 수도 있을 만한, 동시에 나에겐 지금의 나로 성장시켜 준 보물과도 같은 그동안의 면접 실패 사례들을 함께 나누고자 한다. 이러한 막막했고 답답했던 일련의 면접 과정들을 독자들과 진솔하게 공유하며 현재 객실 승무원을 준비하는 분들에게 면접 실패 경험으로 낮아진 자존감에서 멈추지 않고, 실패 경험으로부터 배우고 자신을 향상시켜 더 높은 곳으로 나아가야 한다는 마음가짐의 메시지를 전하고 싶다.

'Everything happens for a reason [모든 일에는 이유가 있다.]'라는 문구를 나는 참 좋아한다. 수차례 항공사 면접에 낙방하며, 실패의 아픔을 맛보았을 때는 점점 작아지는 자신감 앞에서 나는 '과정과 성장'의 참뜻을 알지 못했다. 하지만 생각의 흐름을 바꾼 이후로 꿈으로 다가가는 길에 나는 더욱 박차를 가할 수 있었다.

'지금 나의 실패는 더 나은 모습으로 후에, 나를 알아봐 줄 더 좋은 곳에 합격하기 위해 일어난 거야!'

물론, 극히 낙관론적인 부분이 없지 않아 있지만, 이 말을 진심으로 받아들였을 때, 수차례의 실패에도 나는 자신감을 잃지 않을 수 있었다.

적어도, 면접에서 실패한 현실에서 도망치고자,

'이 정도 노력했는데 안 되네. 난 역시 안 되는 건가, 운이 안 따라주는 건가, 불공평해, 왜 면접관은 옆 지원자보다 나를 더 잘 봐주지 않았지?'

와 같은 어리석은 현 상황 탓을 하지 않게 되었다. 실패한 것에 대해 깨끗하게 인정하고 실패한 이유를 찾으려고 노력한 결과, 과거의 실패는 끊임없는 반성과 더 철저한 준비라는 과정을 통해 '성장'으로 바뀌게 되었고, 새로운 '도전'이라는 기회를 주었다. 나는 이렇게 말하고 싶다.

'적당한 노력으로는 결코 수천 명의 지원자들 중에서 가장 빛나는 별이 될 수 없다.'

지금 자기 자신에게 물어보아라! 후에, 내가 꿈꾸던 직업을 포기했더라도, 미련이 남지 않을 만큼 나는 그때 그 면접에 죽을 힘을 다해 준비하였고 임하였는가?

면접관 : How are you?
기분이 어떠신가요?

나　　: I am great. How about you?
좋습니다. 면접관님은 어떠신가요?

면접관 : Good. You look wonderful today.
저도 좋아요. 오늘 멋져 보이시네요.

나　　: Oh, thank you!
감사합니다.

합격 여부 탈락
문 제 점

'왜 떨어졌을까? 면접관과 나는 단 몇 마디의 대화도 나누지 못했는데…'

이것이 가루다 인도네시아 항공 면접을 본 후에 든 생각이었다. 하지만 지금 와서 생각해 보니 어느 정도 실패의 원인을 가늠할 수 있었다. 국내 항공사와 달리 외국 항공사는 적극적인 태도를 더욱 고평가한다. 그렇기에 나의 면접 답변은 면접관에게 다소 소극적이고 수동적이었을 것이다. 승객을 맞이할 때의 객실 승무원은 미소가 밝아야 함은 물론이고, 서비스 제공자로서 고객의 질문에 공감을 보여주거나 맞장구를 통

축기 전에──── 승무원 하기 싫무

해 능동적으로 대화를 이끄는 자세를 갖추어야 한다. 그럼으로써 승객에게 더욱 편안함을 제공할 수 있기 때문이다. 고로, 면접관에게 칭찬받았던 지원자가 면접관에게 답례의 칭찬을 다시 주었다면 면접 분위기는 어떻게 바뀔 수 있었을까? 이제부터는 면접 현장에서 면접관이 주는 질문만 받으려 하지 말고, **내가 면접관의 질문과 반응을 유도하고 상황을 이끌 수 있는 존재감 높은 지원자가 되어보자.**

존재감을 높일 수 있는 교정된 면접 예시

면접관 : How are you?

　　　　오늘 기분 어떠신가요?

나 : I feel so excited and great. How are you?

　　　엄청 기대도 되면서 좋습니다. 면접관님은 어떠신가요?

면접관 : Good. You look wonderful today.

　　　　저도 좋아요. 오늘 멋져 보이시네요.

나 : Oh, thank you. Your scarf also suits you very well.

　　　(Say something that matches the interview situation.)

　　　감사합니다. 오늘 면접관님께서 하신 스카프도 매우 잘 어울리시네요.

면접관 : Really? Thank you so much!

　　　　정말요? 감사드려요.

부족한 영어실력을 반성하게 해준 에미레이트항공 면접

에미레이트항공의 면접 절차에서 지원자에게 어려운 관문 중 하나가 영어 필기시험이다. 물론 영어 필기시험만으로 점수가 매겨지는 것은 아니다. 필기시험 전후에 있는 그룹 토론 및 롤플레이 등의 면접 절차와 합산되어 탈락 여부가 결정된다.

의외로 상당수의 지원자가 필기시험에서 탈락하곤 한다. 탄탄하지 못했던 어휘, 문법, 독해, 작문 실력을 가졌던 나 또한 예외가 아니었다.

합격 여부 탈락
문 제 점

학생들이 외항사에 도전하려면 어느 정도의 영어실력을 갖추어야 하는지에 대해 많이 묻곤 한다.

나는 외국 항공사에 지원하기 위해 영어를 꼭 네이티브 수준으로 하라고 추천하지는 않는다. 하지만 외국인과 이야기할 때 60~70% 정도 이해 가능한 청취 실력, 나의 기본적인 생각을 표현할 단어 수준 즉 알아듣기 어려운 딱딱한 어휘보단 누구나 아는 쉬운 단어 사용을 권장한다. 이유는 면접관 또한 네이티브가 아닐 가능성이 있고,

국적이 다른 면접관에게 쉬운 단어를 사용한 면접 답변이 내용 전달에 있어 더욱 용이할 것이기 때문이다. 말하고자 하는 단어가 생각나지 않을 땐, 그 단어의 뜻을 다른 단어를 활용해 설명할 정도의 순발력, 재치 있는 바디랭귀지와 열정적인 자세를 가진 용기 있는 지원자라면 누구나 외항사에 지원가능하다고 자신있게 말한다. 그러니 이제는 영어에 대한 부담감과 두려움은 멈추고, **영어 면접에서 필요한 수준의 효율적인 항공사 영어 면접 학습법**을 살펴보도록 하자.

영어 면접에 대비하기 위한 교정된 영어 학습법

이 방법은 실제로 필자가 항공사 영어 면접을 준비하기 위해 사용했던 방식임을 밝힌다.

A. 기본사항 : 나를 영어에 최대한 꾸준히, 가능하면 매일 노출시켜야 한다. (적어도 1~2시간)

B. 어휘 : 개인 수준에 따라 매일 단어 20~50개 정도의 분량을 정해 거르지 않고 학습한다. 대체로 영어 문장을 암기하는 데 문제가 있거나 긴 문장을 해석하는 데 어려움을 겪는 학생들이 많다. 그러나 이것은 아는 단어의 수가 늘어나면, 자연스럽게 해결되는 문제이다. 일단 하루에 10개씩이라도 꾸준히 외울 수 있다면 개수에 상관없이 단어 외우는 습관을 기르자.

C. 문법 : 자신을 과소평가해도 된다! 성인 문법책을 과감하게 덮어두고 초·중·고 학생들 기초 문법책부터 시도해 보자. 문법, 어휘, 기초 설명이 상세하게 되어 있어서 시작은 미미해 보이나 끝이 창대한, 기초가 탄탄한 영어실력자가 될 수 있다.

특히 문법은 한술에 배부를 수 없다는 걸 기억해야 한다. 매일 소단원 한 개씩을 마스터하도록 한다. 아마 쉬운 파트는 20분 내로 학습을 마칠 수 있을 것이다. 이렇게 짧게 해도 되는 건가 싶겠지만 여기서 중요한 건, 진도를 나가는 게 아니라 내가 기초를 제대로 이해하고 온전히 내 것으로 만들었냐는 것이다. 기초에 점점 살이 붙어 습득 속도가 빨라지면 하루에 두 개 이상의 소단원을 마칠 정도의 여유가 생기기 시작한다. 그렇다면 과감히 두 개 내지 세 개의 단원을 소화시켜 나가도 된다. 영어는 1~2개월 단기로 해서는 절대 안 된다. 단기로 공부한 영어실력은 단기적으로 점수를 취득하기에는 용이하나 지속성이 짧다는 것을 명심해야 한다.

그래서 나는 3개월 문법 기초 공부, 3개월 성인 실전 공부를 계획하라고 추천하고 싶다. 이후 성인 교재를 고를 시에도 단순한 암기식, 주입식의 토익 문법책보다는 작문을 하면서 문법을 익힐 수 있는 내용으로 구성된 교재를 선정할 것을 추천한다. 그러면 문법도 잡으면서 문장을 만드는 연습이 저절로 되므로 영어 회화로의 연결이 수월해질 수 있다. 내가 여기서 말하는 영어공부의 방식은 문법 점수만을 올리기 위한 학습법이 아님을 다시 한번 강조한다. 회화 문장을 만들 때, 혹은 점수를 취득할 때 우리는 문법을 빼놓고 말할 수 없다. 국제적인 서비스 제공자로서 문법, 듣기, 말하기, 작문 모든 것이 가능해야 한다. 즉, 6개월 동안 혹은 그 이상으로 꾸준히 준비하면서 위 모든(문법, 듣기, 말하기, 작문) 실력을 갖출 수 있는 지원자가 될 수 있기를 바란다.

D. 리스닝 & 회화 : 미드나 좋아하는 애니메이션을 1개 지정해 영화의 10분 동안의 분량만 매일 공부해 보도록 하자. 나는 미녀와 야수를 선정했었다. 처음엔 영화 10분 정도의 분량을 맨땅에 헤딩하는 식으로 원어로 감상한다. 아마 거의 들리지 않을 것이다. 당황하지 않아도 된다. 누구나 다 그렇다. 자, 이제는 영화 대본을(온라인에서 쉽게 구할 수 있다.) 천천히 읽고 해석을 한 뒤, 영화의 같은 장면

을 다시 감상해 보아라. 거짓말처럼 내 귀에 들어오는 문장들이 많아질 것이다. 이제부터는 다시 대본을 펴고 반복했음에도 잘 들리지 않았던 문장들, 그리고 중요 표현을 정리한 후 암기하도록 한다. 그리고 마지막으로 다시 한번 같은 장면을 감상한다면 그때부턴 이 영화의 10분을 내가 정복했을 것이다. 매일 욕심 부리지 않고, 5~10분의 영화 분량으로 이어서 학습하고, 진도를 나갈 때는 전날 학습했던 장면을 꼭 다시 복습하도록 하자. 새로운 언어를 배울 때 피할 수 없는 방법은 input[습득]이다. 그러나 좀 더 재미난 콘텐츠를 활용하고 스토리를 활용해 습득한다면 더욱 쉽고, 오랫동안 머릿속에 남을 수 있을 것이라고 확신한다.

E. 회화 : 위에서 미드나 영화 혹은 애니메이션을 통해 영어 문장 습득을 시도하였다. 습득법[input]은 다양하고 많을수록 좋다. 위에서 내가 소개한 방법 이외에도 시중에 나온 각 교육용 교재 등을 통해서 회화 문장을 암기하는 것도 방법이 될 수 있겠다. 이제는 습득한 내용을 연습해 보고 활용해 보아야 한다. 필자가 준비생일 때, 회화를 연습하기 위해 스터디 그룹을 만들어 회화 실력을 높였다고 앞에서 언급한 바 있다. 최대한 영어 스터디 그룹을 이용하자. 스터디 그룹의 커리큘럼은 다양하게 만들 수 있다. 매번 호스트가 돌아가며 그날의 주제를 놓고 영어 디스커션 질문을 만들어 자유롭게 토론하는 것이다. 또한 혼자서 자습하지 못하는 학생을 위해 위에서 언급한 암기 부분은 분량을 정해 숙제로 서로 체크해 준다면 더없이 좋을 것 같다. 매일 이렇게 준비생들이 다양하게 영어에 노출된다면 영어실력이 안 늘고 싶어도 안 늘 수가 없다.

순발력 있는 면접 태도를 깨닫게
해준 대한항공 면접

가슴 떨렸고 막연했었던 실무면접에 합격하여 드디어 임원면접
에 임할 수 있게 되었다. 간단한 영어인터뷰를 마치고 대한항공 유
니폼으로 환복 후, 6명이 한 조가 되어 면접장으로 들어갔다. 간단한
자기소개 후 롤플레이 질문이 이어졌다.

면접관 : 지원자 1번, 만약 외국인 승객이 비행기 이륙과 착륙 과
      정을 영어로 설명해 달라고 하면 어떻게 설명해 주시겠
      습니까?
나 : 음… 샬라 샬라 샬라… 음…… 음…
     (나는 영어로 더듬더듬 말하며 당황한 기색을 면접관에게 온전히 보여주
     었다.)

사실 영어를 잘 하는 사람이었다고 할지라도 갑자기 이륙과 착
륙 과정을 전문적으로 설명하기는 쉽지 않았을 것이다. 이후, 내 옆
지원자에게 면접관이 물으셨다.

면접관 : 아까 지원자 1번에게 했던 질문과 동일합니다. 만약 외국인 승객이 비행기 이륙과 착륙 과정을 설명해 달라고 하면 어떻게 설명해 주시겠습니까?

지원자 2번 : 부우우웅~ 츄욱! (비행기 소리를 흉내 내며 손으로 비행기가 떠오르는 모습과 다시 착륙하는 모습을 편안하고 재치 있는 미소로 보여주었다.)

면접관 : (조용히 만족스러운 미소를 지어주셨다.)

합격 여부 탈락

문 제 점

이 면접에서 중요했던 건, 유창한 영어실력이 아니었다. 객실 승무원은 기내에서 예상치 못한 요구에 응하고 지혜롭게 대처해 나가야 할 상황이 많이 발생한다. 이 질문은 그러한 자질을 꿰뚫어볼 수 있었던 롤플레이 질문이었다고 생각한다. 이처럼 객실 승무원에게 요구되는 순발력, 소통 능력, 협업의 자세, 미소, 유연성, 국제적인 마인드, 대처능력 등의 자질을 가늠하기 위해 준비된 질문이 많기 때문에 질문의 단면만 보고 답하거나 준비하지 말고, 각 질문마다 내포된 면접관의 의도를 잘 파악하여 응한다면 더욱 성공적인 면접 결과를 얻을 수 있을 것이다.

파이널 면접편　무대공포증을 이겨내지 못했던 카타르항공 면접

　　이어진 면접 탈락 결과에 내 자존감은 어느새 바닥을 쳤었다. 하지만 곧 큰 용기를 내어 카타르항공 오픈데이에 참가하기 위해 호주, 멜버른으로 향했다. 면접관 한 분과 스몰토크를 간단히 나눈 후, 이력서를 제출하고(CV DROP) 당일 2차 면접에 참석하라는 합격 전화를 받았다. 거짓말처럼 다음 날, 큰 문제 없이 2차 면접까지 통과하게 되었다. 무언가 일이 술술 풀리는 기분이 들었고, 왠지 면접관 두 분이 나에게 호감이 높은 것 같은 느낌이 왔다. 아니나 다를까 나는 꿈에 그리던 외항사 파이널 면접에 임할 수 있었다. 면접관은 미국인 면접관 한 분, 인디언 면접관 한 분이셨다. 처음 보는 외항사 파이널 면접이라 면접관 두 분이 나를 면접장 안으로 안내하자 심장이 미친 듯이 뛰기 시작했다.

　　면접관 : 기분이 어떠신가요?

　　나 : 매우 떨리지만, 두 분께서 너무 반갑게 맞이해 주셔서 한결 편안해졌습니다.

죽기 전에──승무원 하고 싶다

면접관 : 다행이네요.^^ 자, 그럼 간단히 자기소개를 해볼까요?

그동안 숱하게 면접을 봤지만, 내 심장은 또다시 쿵쾅대기 시작했고, 머릿속은 점점 하얘졌다. 나는 외워왔던 답변을 도중에 잊어버리고 버벅대기 시작했다. 심지어 준비한 답변이 채 끝나기도 전에, 예상치 못한 두 면접관의 질문이 이어졌다. 너무 떨어서인지 도대체가 내가 무슨 말을 했었는지 기억조차 나질 않았다.

면접을 마치고, 면접장을 걸어 나오는데, 괜스레 눈시울이 붉어졌다. 그렇게 면접을 수없이 봤으면서 또 바보같이 떨기만 했던 나 자신이 너무 한심했다. 결국 면접의 문턱을 못 넘어 객실 승무원의 꿈이 꿈에서 끝날 수 있겠다는 생각이 들었다. 나는 왜 다른 지원자들처럼 대담하지 못할까, 왜 나는 답변이 잘 기억나지 않지?

'아니야, 면접관 두 분께서 의외로 날 잘 봤을 수도 있어.'

이렇게 실낱같은 희망으로 나 자신을 위로하며, 한국행 비행기에 몸을 실었다. 한국에 돌아온 다음 날, 어머니와 함께 아침밥을 먹는데, 어머니께서 내 눈치를 살피시더니, 면접은 어땠냐고 조심스럽게 물으셨다. 나는 "아직 결과가 안 나왔어요. 잘 되겠죠."라고 덤덤하게 말했다. 사실 말은 그렇게 했지만, 파이널 면접을 보고 온 날부터 잠을 제대로 자본 적이 없었던 것 같다. 때마침 운명처럼 메일 사서

함 알람이 울렸고, 순간 나는 카타르항공에서 도착한 메일이라는 걸 직감적으로 인지했다. 결과는 역시나 낙방이었다. 면접에서 낙방하여 축 처진 딸의 어깨를 보신 어머니께선,

"괜찮아! 떨어질 수 있지. 아나운서 ○○○도 면접에서 20번 넘게 떨어졌었다더라. 그게 뭐 대수니. 엄마가 앞으로도 응원해 줄 테니까 걱정하지 말고 도전해 봐! 그리고 엄마 친구 중에 숙자 아줌마 알지? 그 집 딸이 승무원인데 사진 보니 걔가 우리 딸보다 훨씬 못났더라. 우리 딸처럼 예쁜 사람 안 시켜주면 누구를 승무원 시켜주겠니. 걱정 마! 우리 딸은 꼭 될 거야!"

라고 하셨다. 속상해 하는 나를 위해 애써 당신의 속상한 마음을 숨기시려고 하시던 말씀에 내 맘이 아파서였었는지, 아니면 수차례 거듭되는 면접에서 기량을 제대로 발휘하지 못하고 온 나 자신이 한심해서였었는지 모르겠지만 눈물이 왈칵 쏟아졌다. 그 모습을 보시던 어머니께서도 그제서야 참았던 눈물을 흘리셨다. 우리는 한참 서로를 부둥켜안고 엉엉 울었다. 어머니와 나의 눈물의 아침 밥상 때문이었는지 잘 모르겠지만, 그 이후 꿈을 더욱더 쉽게 포기하고 싶지 않았다.

'무대공포증이 있으면 이겨내자! 영어가 부족하면 무조건 다 외

워서라도 면접을 보자!'라고 수백 번 다짐했다. 이런 거 하나 극복하지 못해서 내 꿈을 접고 싶지 않았다. 그리고 이렇게 나를 위해 응원해 주시는 부모님을 실망시켜 드리고 싶지 않았다. 나는 실패라는 길 끝에서 합격으로 가는 길목에 놓여 있던 벽이 높아 보여 우물쭈물 망설이고 겁부터 먹었던 나 자신을 질타했고, 무슨 일이 있어도 이 벽을 넘어서고야 말겠다고 다짐하고 또 다짐했다.

그날부터 항공사 면접을 앞두고 죽기 살기로 준비하기 시작했다. (위에서 언급된 면접 영어 학습법으로 꾸준히 공부하였고, 아래에서 제시할 면접 준비법으로 눈만 뜨면 면접과 영어공부를 손에서 놓지 않았다.) 심지어 항공사 오픈데이를 보러 가는 항공기 내에서도 혼자서 영어 답변을 연습했다. 과장을 좀 섞어 말한다면, 누군가 자고 있는 나에게 '왜 승무원이 되고 싶니?'라고 한밤중에 물어본다면 자다가도 술술 답할 수 있을 정도로 연습했다.

그리하여 마침내, 단 6개월 만에 나의 부족했던 영어실력, 무대공포증, 나쁜 머리, 평범한 외모의 벽을 당당히 이겨내고 합격의 기쁨을 맛볼 수 있었다.

객실 승무원이 되고 나서 가장 좋은 게 무엇이냐고 많이들 물어본다.

그러면, 나는 가장 먼저,

"효도할 수 있게 해주어 너무 행복하고 감사하다."

라고 말한다. 나의 힘든 시기를 함께 응원해 주셨고, 그 누구보다 날 믿어주셨던 부모님께 직원 할인 티켓으로 세계를 원 없이 보여드릴 수 있었던 점, 그리고 다른 객실 승무원들 모두가 한마음, 한뜻으로 마치 자신들의 부모님이 탑승하신 것처럼 한 명 한 명 찾아와 인사 드리며 부모님께 특별하고 따뜻한 기억을 선사해 드리려 했던 점, 마지막으로 이렇게 멋지고 따뜻한 사람들과 함께 일하는 나의 직장을 보여드릴 수 있었던 점들이 늘 자랑스럽고 감사했다.

면접에 대비하기 위한 교정된 면접 준비법

면접 인터뷰 답변 : 답변을 준비할 때, 두 가지 방법이 있다. 전자는 기출문제를 수집한 후, 그에 맞춰 답을 써보고 외워서 말하는 방식이고, 후자는 기출문제를 모아 그에 맞춰 예상 문답 키워드만 간단히 정리한 후 면접장에서 상황에 맞게 자연스럽게 말하는 방식이다. 둘 중 꼭 어떤 것을 선택해야 할지 정답은 없다. 다만, 본인이 면접에서 너무 긴장해 머리가 하얗게 백지장이 되어 아무 말 못 하고 수차례 면접장에서 나왔던 지원자라면 전자의 방식을 고려해 보는 것이 어떨지 조심스레 추천해 본다. (나는 이미 앞서 말했듯, 전자에 속하는 무대공포증이 있던 사람이었다.) 주로 후자의 방법은 머리가 백지장 정도까진 되지 않지만 긴장하면 말을 많이 더듬거나 쓸데없는 내용으로 주저리주저리 말하고 면접 후에는 아무것도 기

억하지 못하는 유형의 지원자에게 추천한다. 즉 면접 때 순발력이 떨어지거나 면접관의 질문 의도를 잘 파악하지 못해 동문서답을 많이 하는 지원자, 혹은 무엇인가를 외우면 외운 티가 많이 나는 사람일 경우 효과적이다.

아마 이 글을 읽자마자 '다 난데…' 하는 사람들도 있겠지만 두 개의 방법 모두 도전해 보고, 그 안에서 나에게 맞는 방법을 찾으면 되는 것이니 머리 싸매고 고민하지 않아도 된다. 단, 전자를 선택하는 지원자들이 어설프게 문답을 외우면 긴장하게 되어 더 심하게 버벅거릴 수 있는 부작용이 따를 수 있다. 나는 무대공포증이 특나나 심했던 지원자로 에티하드항공 면접 때에는 전자의 방법을 택했다. 각 기출문제에 대한 답을 정리해서 외우기 시작했다. 그러나 이 정도면 됐지 하는 마음으로 어설프게 외웠을 땐, 다시 무대공포증으로 머릿속이 백지장이 됐고 외운 티가 너무 났다. 답변을 준비하고도 면접에서 여러 차례 실패를 맛본 나는 면접 3개월 전부터 눈만 뜨면 하루에 2개 내지 3개씩 면접 답변을 연습했다.

보고 읽어보는 식의 연습이 아니라 스스로 핸드폰 동영상 기능을 활용하여 보지 않고 답변을 실제 면접에 임하듯 술술 외워서 말하는 연습을 했다. 동영상 촬영을 마치면, 영상을 다시 보며 흔들렸던 눈동자, 표정, 답변 목소리의 높낮이, 빠르기 등을 체크하고 보완할 점을 메모했다. 자주 막혔던 부분은 색깔 펜으로 표시해 두고 다음 연습 때 더욱 중점적으로 연습했다. 어느 순간 매일 같은 걸 반복하다 보니 마치 애국가처럼 굳이 애써 생각하지 않아도 답변이 술술 나오기 시작했다. 그러다 보니 어색하게 말하던 외운 티가 자연스럽게 점차 없어지기 시작했고, 상황에 맞춰 재치 있는 코멘트를 덧붙일 정도의 여유가 절로 생겼다. 이는 면접에서의 자신감과 존재감을 명확히 심어주었다. 뿐만 아니라 질문에 따른 답변을 발표하듯이 준비하지 않았다. 적당히 면접관의 흥미를 유도할 정도의 분량과 내용으로 준비했기에, 자연스럽게 면접관과 대화를 주고받을 수 있었다.

이러한 방법으로 에티하드항공에 자신 있게 합격할 수 있었다. 후에 KLM

네덜란드항공 파이널 면접을 보게 되었을 때는, 과감히 후자의 방법을 선택했다. 확실히 이전 합격했을 때의 면접보다는 덜 긴장했기 때문이다. 하지만 여전히 순발력이 부족했으므로, 항공사에 맞는 기출문제를 정리해 보고 답변을 준비했다. 또한 동영상을 통해 연습할 때에는 꼭 면접관에게 전하고 싶었던 키워드만 체크해 두고 기억해 두었다가 적절히 넣어 말하는 연습을 했다. 이렇게 준비하다 보니 답변의 틀이 많이 변형되지 않았고, 중심 내용이 흔들리지 않았으며 수고를 덜 들이고 자연스러운 면접 분위기를 유지해 나갈 수 있었다.

항공 면접에서의 합격생들(현직 객실 승무원분들) 또한 여러분과 같은 평범한 지원자였다. 하지만 그들이 일반 지원자와 달랐던 부분은 결코 뛰어난 외모, 탁월한 영어실력이 아니었다. 단지 면접을 앞두고 임했던 자세가 그 누구보다 열정적이었고, 면접에 투자했었던 그들의 시간과 노력이 진지했고 남달랐기 때문에 그들이 면접장에서 독보적인 존재감으로 빛날 수 있지 않았을까?

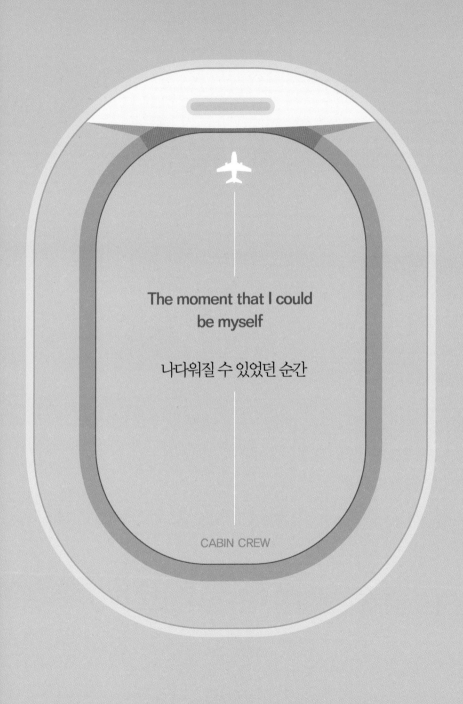

The moment that I could
be myself

나다워질 수 있었던 순간

CABIN CREW

The moment that I could be myself

나다워질 수 있었던 순간

면접을 준비하면서 '너다워져라!'를 강조하는 서적이나 문구를 많이 접해보았을 것이다. 하지만 나다워지는 게 어떤 방법인지 가장 어려웠을 것이라 생각한다. 어떤 이는 지원자 본인의 매력을 잘 발굴하여 면접관에게 어필하는 것이 나다워지는 법이라 말하기도 한다. 물론 이 말이 틀린 말은 절대 아니다. 하지만 나는 감히 나다워지는 법을 이렇게 표현하고 싶다.

"당신의 자질을 면접관에게 보여주려 하지 말고, 그 면접관과 먼저 친해지는 게 어떻겠나"

고 말이다. 그렇다면 면접관에게 나의 매력은 자연스럽게 어필이 된다. 마치 누군가와 처음 친구가 되는 과정 속에서 상대와 진심으로 소통하려고 노력하면 상대와 나는 더욱 서로의 이야기가 궁금해지고 더 듣고 싶어지며, 이러한 과정을 반복하다 보면 더 나아가 인연을 맺고 친구가 되어 서로의 매력을 알게 되는 것처럼 말이다.

내가 여기에서 강조하고 싶은 부분은 이것이다. 나의 자질과 매력을 보여주려 하지 말고, 면접관과 먼저 소통해 보라는 것이다. 그러기 위해선, 기출문제를 이용하여 나에 대해 고민해 보는 시간을 가지는 것이 좋다. 기존 면접 관련 서적을 통해 면접관의 질문 의도를 파악하는 데 도움을 받되, 예문을 따라 하려고 하지 않는 것이 좋다. 꼭 들려주고 싶은 진심이 담긴 나의 구체적인 장점, 면접용의 장점 같은 단점이 아닌 진솔한 나의 단점, 나에게 일어났었던 위기의 순간들과 대처법들, 최고의 서비스를 선사했던 적 등 남들이 알지 못하고 이야기하지 못할 온전한 나만의 이야기들을 정리하는 것이다. 그러고 나서 내 이야기를 면접장에 들려주러 가는 것이 아니라 면접관과 내 생각을 소통하러 가는 것이라고 생각을 전환하자. 소통의 과정 속에서 지원자는 본인의 문답 후에 따라올 면접관의 질문을 예상해 볼 수 있고 이는 동문서답의 확률을 줄이는 데도 효과적이다. 이를 통해 면접이라는 짧은 시간 동안 면접관과 깊은 유대감이 형성되며 다른 지원자들과는 견줄 수 없는 우월한 나의 존재감을 심어줄 수 있다. 면접관의 마음을 열게 하는 지원자, 더욱 이야기를 듣고 싶은 지원자, 마음이 통하는 지원자가 될 수 있도록 하자.

면접장에서 나왔을 때,

'오늘 면접관과 잘 통했어. 우리 뭔가 친해졌었던 느낌이야.'

라는 생각이 들었다면 당신이 이번 면접에서 성공할 확률은 99.9%다.
　하지만 이 페이지를 읽으면서도 고개만 끄덕이고, 책을 덮으면,

'그래서 어떻게 해야 한다는 거지?'

라는 생각으로 멍해져 버리는 준비생들도 있을 것이라 생각한다. 이러한 객실 승무원 지망생들을 위해 나는 이 장에서 가장 나다워졌었던 '에티하드항공 합격 수기'와 'KLM네덜란드항공 합격 수기'를 소개하고자 한다. 부디 이 솔직담백한 면접후기가 승무원 준비생들에게 면접을 준비하는 데 있어 그리고 자신만의 존재감을 만들어가는 과정에 있어 조금이나마 도움이 되길 바란다.

The review of the interview for Etihad Airways

CV Drop [스몰토크 & 실무면접]

면접관 네 분이 와 계셨다. 그중 두 분은 승무원이셨고, 나머지 두 분은 인사과에서 오신 분들이셨다. CV 드롭 때 받은 질문은 "혹시 문신 있나요?", "한국에서 왔군요. 어떻게 왔나요?" 요 정도 질문이었다. (외국 항공사 면접이라 국내가 아닌 핀란드에서 오픈데이[현지 면접]가 이루어졌다.) 이때도 정말 자연스럽게 활짝 웃으려고 노력했던 거 같다. 그리고 수하물 선반에 손이 닿는지 닿지 않는지 확인하려고 몇몇의 외항사는 신장을 재는 대신 암리치를 재는데, 처음엔 내가 그렇게 작은 신장이 아니라 자신 있게 재킷을 벗지 않고 암리치를 쟀더니 합격기준인 212cm에 닿지 않아 당황스러웠다.

"호호호, (내 당혹감을 감추는 포커페이스를 유지하기 위해 더 밝은 미소를 지으며) 제가 다시 한번만 시도해 보아도 될까요?"

라고 했더니 면접관께서 선뜻 한 번의 기회를 더 주셨다. 이 소중한 기회를 놓치지 않고자, 재킷의 앞 단추를 풀고 매우 적극적인 동작과 '흐윽'이라는 이상한 괴음을 내며 팔을 힘껏 뻗었다. 다행히 겨우 통과했다. 이 모습을 지켜본 면접관은 "너무 재미있네요." 이러면서 막 웃으셨다. (아마도 긴장감이 흐르는 면접장의 적막감을 깨는 나의 괴음소리가 신선하고 상큼하지 않았나 싶다???)

내 다음 지원자는 안타깝게도 암리치가 닿지 않아 떨어졌다.

참고 : 몇몇의 외국 항공사(특히 에티하드항공)는 암리치를 매우 중요하게 생각한다. 신장이 크지 않은 준비생은 꼭 매일 아침, 저녁으로 스트레칭을 하시길!

Group Discussion & Activity [그룹토의]

우리는 이후 간단한 회사 소개와 에티하드항공에서 준비한 프레젠테이션을 감상한 후 그룹토의를 시작했다. 대체적으로 다른 지원자들이 적극적으로 나서서 말하는 분위기였기에 나는 최대한 분위기가 잘 이어질 수 있도록 호응해 주었다. 또한 '신문지로 탑 쌓기' 미션을 할 때는 나서서 하길 원하는 행동파(?) 지원자들이 많아 묵묵히 조력자 역할을 했다. (그룹토의에서 정해진 답은 없다. '분위기에 따라 때로는 조력자 역할을 할 수 있어야 하고, 아무도 나서지 못할 때는 분위기를 리드할 용기가 있어야 하지 않을까?'라고 말하고 싶다. 여기서 중요한 것은 정해진 역할이 아닌 팀원들과 얼마나 잘 어우러질 수 있느냐이다.)

그리고 나서 면접관들이 몇 개의 단어를 주고 이것으로 이야기를 만들라고 하셨다. 우리 조는 1분이 남아 있는 상태에서 아이디어가 부족하여 이야기를 다 마무리하지 못하고 위기에 봉착하게 되었다. 이때를 놓치지 않고 나는 이야기를 마무리하기 위해 묵묵한 조력자 역할에서 부지런히 의견을 공유하는 적극적이고 새로운 모습을 보여주기 위해 애썼다. 이러한 내 모습에 조원들은 박수 갈채를 보내며 응원해 주었고 우리 팀의 이러한 분위기는 면접관에게 협업이 잘 되는 그룹으로 좋은 인상을 심어줄 수 있었다. 또한 나는 상황에 맞게 능동적으로 대처할 줄 아는 지혜로운 조력자, 순발력이 뛰어난 지원자로 면접관들에게 존재감을 굳힐 수 있었다.

팀 활동 후, 소정의 휴식시간이 주어졌다. 우리는 쉬는 동안, 준비돼 있던 베이커리, 쿠키, 커피, 물 등을 먹으며 당을 보충했다. 면접관 한 분께서 다시 30분 정도 후에 면접장으로 지원자들을 불렀다. (이 휴식 시간 동안 면접관들은 지원자들에게 각각 점수를 준다.)

English Test [영어시험]

난 영어시험에 자신감이 없어 정말 긴장했다. 모두 다섯 파트로 나누어져 있는데 파트 1, 2, 3, 4는 대체적으로 반의어, 유의어, 기본적인 문법 문제가 있어서 쉬운 편이었지만, 문제는 파트 5였다. 독해를 해나가면서 빈칸을 채워 넣어야 하는데, 나에게는 이 파트가 난제였다. 영어시험을 마치고 잠시 대기하라는 면접관들의 요청에 우리는 다시 대기실로 향했다. 이때부터 난 혼자 짐을 주섬주섬 챙겼다. 왜냐!!!!!!!!! 다른 분들은 영어시험이 다 쉬웠다고 말했기 때문이다. (그중 원어민도 꽤 있었다.) '그래, 난 가겠구나! 이제 떠나야 할 때가 왔구나.'라고 생각했다.

면접관들이 나오서서 갑자기 이름을 호명하기 시작했다. 내 이름이 첫 번째로 호명되었다. 두 번째로 불리는 이름도 나와 함께 영어시험이 어려웠다던 핀란드 여자아이였다. 그때 다시 한번 직감했다. 내가 떨어진 게 틀림없다는 것을.

'아, 떠나는 사람의 서글픈 이름이여!'

이때 호명된 사람이 떨어진 지원자인 줄 알고 바닥에 놓여 있던 짐을 조용히 손에 들었다.

그걸 본 면접관이,

"Miss. 은유, 어디 가세요? 여기로 오세요."

라고 하셨다. 그때 난 다시 잘못된 나의 촉을 얼른 바로잡았다. 내가 파이널 진출을 하는구나!!!!! 이이예!!!!!!!!!!!!!!!!!! (이때, 국적이 한국인

51

사람들은 다 탈락하고 나 혼자 남겨진 상태였다.)

다시 들어도 면접관의 말이 믿기지 않아 금세 친해진 그 핀란드 출신 여자아이와 꺄악 소리 지르며 두 손을 마주잡고 폴짝폴짝 뛰었더니, 한 면접관께서 엄청 웃으시며,

"두 분은 월드 미스유니버스에 진출한 것 같네요."

라고 농담을 던지셨다. 이후, 다시 파이널 진출자에 한해, 면접관 한 분께서 복지, 숙소, 연봉 등 자세한 프레젠테이션을 하신 후 필요한 서류를 작성하게 하였다.

대망의 Final [파이널 면접 & 임원면접]

대망의 파이널 면접은 각 면접장에 한 명의 지원자와 두 명의 면접관이 파이널 면접을 2:1로 본다. 나의 순서는 마지막 차례였다. 처음 면접장에 들어섰을 때 햇살 가득 들어오는 큰 창이 나의 시선을 사로잡았다. 면접관 두 분은 나를 창 옆에 앉도록 친절히 안내해 주셨다. 햇빛에 비춰 훤히 드러나 보이는 내 피부를 면접관 한 분이 체크하셨다.

오 나의 다크서클!!!!!

면접관 : 먼저 파이널까지 함께하게 된 것에 진심으로 축하드려요. 간단하게 자기소개해 줄 수 있나요?

나 : (자기소개 정도야 훗!) 나는 자신 있고 밝게 준비한 자기소개를 했다. 그러자 면접관의 다음 질문이 이어졌다.

면접관 : Miss. 은유, 알다시피 저희 에티하드항공은 베이스가 아부다비랍니다. 혹시 아부다비에 오면 어떤 점이 어려울 것 같은지 말해볼래요?

나 : 제 이력서에서 이미 보셨겠지만, 전 한때 사마항공의 베이스로 사우디아라비아에 머물기도 했답니다. 이곳이 어떤 곳인지 혹시 아시나요? 사우디아라비아는 외국인조차도 부르카, 니캅, 차도르, 히잡 등(이슬람 종교를 가진 여성이 입는 의복)을 착용해야 하는 곳입니다. 제가 사우디아라비아에 처음 도착해, 잠시 급한 마음에 차도르를 입지 못하고 숙소 앞 식료품 가게에 가게 되었는데요. 순간 차도르를 쓰지 않았다고 현지인이 돌을 던졌던 적이 있었습니다. 얼마나 황당했겠어요?!

면접관 : 뭐라고요? 세상에나!

나 : 자! 이제 다시 이전에 여쭤보신 질문에 답한다면, 전 이곳에서도 사우디 친구들과 맛집도 찾아다니고, 이슬람 문화를 배워가며 긍정적으로 행복하게 생활을 했습니다. 이곳과 비교하자면, 아부다비는 저에게 파라다이스와 같은 장소라고 표

현할 수 있습니다. 아부다비에서도 분명 다르고 제가 배워야 할 새로운 문화가 많겠지만, 사우디아라비아의 생활을 떠올리며 아주 행복하고 만족스럽게 생활할 수 있을것이라 자신합니다.

면접관 : 매우 놀라운 경험이네요. 돌팔매라니⋯ (그때 옆에 계시던 면접관 한 분이 참았던 웃음을 터트리자 다른 면접관도 웃으셨다.) Miss. 은유, 실례합니다. 죄송해요.

나 : 괜찮습니다. 지금 생각해도 저도 웃음만 나요. (활짝 웃으며)

면접관 : 그럼 사우디아라비아에서 또 다른 문화적 충격이 있었나요?

나 : 많았죠. 특히 사우디아라비아에서는 아침에 여성이 남성에게 악수를 청하면 안 되는거 알고 계셨나요?

면접관: 아니요. 왜죠?

나 : 남성이 기도를 하기 전, 여성과의 악수를 종교적인 이유로 꺼린답니다. 처음엔 모르고, 이른 아침 브리핑 룸에서 만난 친한 남성 동료에게 악수를 청했는데, 그 동료가 급하게 제 악수를 무시하고 지나쳐 갔었어요. 전 저에게 언짢은 게 있나 싶어 마음 졸이고 있었는데 잠시 후 돌아와 미안했다는 사과와 함께 왜 그럴 수밖에 없었는지 친절하게 설명해 주었어요. 처음에는 문화적 충격이었지만, 곧 문화적, 종교적으

로 다른 점을 존중하려고 노력했죠. 그 후, 전 사우디아라비아 국적의 남성 승무원과 아침에 마주치면 살짝 눈인사를 주고받으며 그 동료가 기도를 마치고 돌아올 때까지 기다려주었어요. 그랬더니 너무나 고마워하더라고요.

면접관 : 처음에 정말 당황했겠네요. 이후에 먼저 배려해 기다려 준 부분 너무 스위트하네요. 그럼 지금까지 화난 손님 만난 적 있나요?

나 : 당연하죠. 예전 사마항공에 근무할 때, 저희 비행기 기종 중 보잉 737 에어컨이 자주 고장이 나서 말썽을 일으킨 적이 많았어요. 특히 여름철, 사우디아라비아 날씨는 40도 이상 오르는데 비행기에 손님을 가득 태운 상태에서 고장 났다고 생각해 보세요! 그 손님들께서는 화가 나시겠죠?! 아니나 다를까 이집트에서 오신 손님 한 분이 고장 난 에어컨에 불만을 토로하셨어요. 그래서 아랍어가 모국어인 동료가 다가가 양해의 말씀을 드렸어요.

하지만 그 손님께서는 내가 비싼 항공료를 지불했는데 어떻게 에어컨 고장이 있을 수 있냐며 화를 가라앉히질 못하셨어요. 그래서 그 아랍인 동료가 아랍어라곤 '고마워, 안녕, 미안해, 사랑해,' 네 단어밖에 모르는 저에게 도움을 요청했어요. 저는 굉장히 짧은 아랍어 "에시프(미안해)"라는 단어로 조심스럽게 다가가 그 손님 좌석에 구비되어 있는 매거진을 이용해 부채질을 해드렸어요. 그리고 "사마에어라인 바헤박(사마항공은 손님을 사랑합니다.)"이라고 말하며 부채질을 계속하자 그 이집트 손님께서 "풉" 하고 웃으시더니, 괜찮다고 손으로 가볍게 제 어깨를 두드려주셨어요. 순식간에 얼음판 같았던 냉랭했던 공기가 따뜻해졌죠. 저는 그 순간을 놓치지 않고 얼른 알고 있던 4개의 단어 중 나머지 단어인 "슈크란(고맙습니다.)"을 말했죠.

순간, 면접관 두 분이 박수를 치며 이 대목에서 웃음을 터트렸다. 난 얼른 잽싸게 순간의 기회를 놓치지 않고

"그 손님분께서도 이렇게 여러분들처럼 웃어주셨어요."

라고 했더니 면접관 두 분은 고개를 끄덕이시며 연신 "Perfect(완벽해)"를 외쳐주셨다.

그리고 면접관들은 지원자에게 할 질문이 더 남아 있는지 서로 확인하시고 파이널 압박면접을 마무리 지으셨다. (약 40분 정도 진행되었다.)

난 나답게 영어 단어가 생각나지 않을 때는 당황하지 않고 바디랭귀지로 설명하려 노력했고, 어려운 단어와 문장을 사용하기보다는 이해하기 쉽도록 쉬운 단어와 표정으로 내 이야기 상황을 최대한 그

취기 전에 승무원 하고 싶다

림 그리듯 설명하려고 노력했다.

그 이외에 받았던 질문은 왜 승무원이 되고 싶나요, 에티하드항공에 오고 싶었던 이유, 우리가 당신을 뽑아야 하는 이유, 승무원 직업의 장단점, 향수병 어떻게 이겨낼 것인지, 동료와 갈등이 있었던 적, 동료를 도와주었던 적, 마지막으로 하고 싶은 말 등이었다.

마지막으로 하고 싶은 말

이때는 정말 진심을 담아 간절한 마음을 전달했다.

"저는 에티하드항공의 파이널 면접까지 와서 여러분들과 즐겁게 이야기 나눌 수 있었고, 저를 보여줄 시간을 갖게 되어 너무 행운이었다고 생각해요. 아마 제겐 평생 잊지 못할 시간일 것 같습니다. 약 40분간 제 이야기에 귀 기울여주시고, 함께 걱정해 주시고, 웃어주셔서 감사했습니다."

이랬더니 한 면접관이,

"우리도 당신의 재미있던 이야기들과 미소는 정말 기억 속에 오랫동안 남을 것 같아요. 너무 즐거웠어요."

라고 하셨다. 이렇게 기나긴 면접을 마치고 한국에 돌아와 2일 만에 에티하드항공 인사과로부터 합격 소식을 전해 들었다.

이후 트레이닝 도중, 에티하드항공 트레이닝 센터에서 나를 뽑아주셨던 면접관을 우연히 만나게 되어 반갑게 인사드린 적이 있다. 그 면접관은 그때 나의 이야기들이 아직도 기억에 생생하다며, 다시 한번 진솔함이 녹아내렸던 내 면접 답변에 대해 칭찬을 아끼지 않으셨다.

The review of the interview for KLM Royal Dutch Airlines

KLM 1st Round Interview [1차 면접]

정말 모든 일에는 이유가 있는 것 같다. 에티하드항공 근무 당시 평소 한국 비행이 많아야 한 개 나올까 말까 했는데 유독 한국 비행이 많이 나온 달, 나는 KLM네덜란드항공과 면접을 갖게 되었다.

참고로 KLM네덜란드항공의 1차 면접은 국내 대행사에 의해 이루어진다. 그렇기에 네덜란드 현지 면접관과 한국 지사에 계신 한국인 면접관에 의해 이루어지는 2차 면접과는 사뭇 다른 분위기로 진행되니 심사 기준 또한 달라질 수밖에 없다. 1차 대행사 면접장에 도착해 6~8명이 한 조가 되어 입장했다. 면접관 한 분이 면접 시작 전, 한국어와 영어 중 선택하여 답변해도 좋다고 안내해 주셨다.

면접관 : 다들 반갑습니다. 공통 질문 드리겠습니다. 한국어, 영어 중 택일하시어 지원자 본인의 자기소개 간략히 부탁드립니다.

첫 번째 지원자와 두 번째 지원자가 한국어로 멋지게 자기소개를 했다. 나는 이왕이면 앞서 말했던 지원자들이 시도하지 않았던 영어로 나를 소개하는 게 어떨까 하여 영어로 자기소개를 했다. 나의 어설폈던 영어 발음 때문이었는지 아니면 굳이 쉬운 한국어를 두고 영어로 대답하는 모습 때문이었는지 면접관 세 분께서 일제히 나에게 집중해 주셨다. 이후 개별 질문이 이어졌다.

면접관 : 그럼 개별 질문 드리도록 하겠습니다. 지원자 1번, KLM 네덜란드항공사에 대해 말씀해 주세요. 앞서 한국어로 답변 주셨으니 이 질문에 대한 답은 영어로 부탁드립니다.

나 : (마음속으로) '오~예! 나는 한국어로 답하겠네!'

그리고 드디어 내 차례가 왔다.

면접관 : 지원자 3번은 한국어로 답변해 주시면 되겠습니다. 에티하드항공이 굉장히 좋은 항공사라고 알고 있습니다. 그런데 에티하드항공에서 KLM네덜란드항공으로 이직하고 싶은 이유가 무엇입니까?

나는 밝고 쾌활하게 답했던 영어 답변과는 다르게 한국어에 맞게 재빨리 목소리 톤을 낭랑하고 차분하게 가다듬어 답했다. 국내 항공사를 준비했을 당시, 목소리 톤 연습을 해두었던 게 많은 도움이 되었던 것 같다. 내 답변 목소리를 듣고 책상에 고개를 묻으셨던 면접관 두 분이 어느새 나에게 시선을 두셨단 걸 알 수 있었다. 이윽고 마지막 공통 질문이 이어졌다.

면접관 : 마지막 질문입니다. 기내에서 인천공항에 착륙하기 10분 전, 연세가 있으신 어르신 한 분이 갑자기 일어나 화장실을 가겠다고 하십니다. 이때 어떻게 대처할 것인지 직접 이야기하는 것처럼 지원자 1번부터 답해주시기 바랍니다.

지원자 1번 : "손님, 죄송합니다. 좌석벨트 사인이 켜져 있을 시 항공기 내 안전수칙에 따라 자리로 돌아가 앉아주셔야 합니다. 착륙 후, 좌석벨트 사인이 꺼지면 화장실을 이용하실 수 있도록 최대한 빠른 도움 드리겠습니다."

면접관 : 흠, 다음 지원자 2번도 답해주십시오.

지원자 2번 : 저 또한 손님의 안전이 최우선이어야 하기에, 지원자 1번님과 비슷하게 답할 것입니다. "손님 저희가 안전상의 문제로 착륙한 후 화장실 이용 도움 드리겠습니다. 불편을 끼쳐드려 죄송합니다."

면접관 : 지원자 2번에게 추가 질문하겠습니다. "(역할극 할머니 승객이 되어) 볼일이 매우 급해 지금 화장실을 꼭 가야겠습니다."라고 승객이 말씀하신다면 어떻게 대처하시겠습니까?

지원자 2번 : 물론 손님께 친절한 서비스를 제공하는 것도 중요하지만 안전이 가장 우선시되어야 한다고 생각하기에 다시 한번 더 단호하게 승객의 요청에 대응할 것입니다.

면접관 : 네, 그렇군요. 지원자 3번도 같은 질문입니다. 답변해 주시겠습니까?

나는 면접 때, 면접관의 질문을 잘 들으려 노력하고 단순하게 면접관과 눈 마주침을 하는 것이 아니라 면접관의 눈빛을 읽으려 노력한다. 질문과 눈빛 속엔 면접관이 원하는 답이 대부분 숨겨져 있기 때문이다. 면접관의 질문 속에서 내가 유의 깊게 들었던 부분은 연세가 있으신 어르신께 **직접 말하는 것처럼** 상황을 대처해 보라는 것이었다. 나는 답변 전, 시골에 계신 고집 센 우리 할머니를 생각했다. 우리 할머니는 내가 안전이라고 설명해 드린다면 "은유야, 그것이 뭐시다냐~(전라도 사투리)" 하실 게 분명했다. 그뿐만 아니라 무작정 기다리시라고 말한다면 단번에 벌컥 화를 내실 것이다. 그렇게 생각하니 답이 간단해졌다.

나 : "손님, 어디가 불편하신지 제가 먼저 여쭈어봐도 될까요?
(응급상황이 아니시라면) 손님 창문 보시면, 저기 인천 바다가
보이시죠? 저희 비행기는 10분 이내에 인천공항에 착륙할
예정입니다. 착륙 도중, 화장실을 이용하실 경우엔 비행기가
흔들리는 예상치 못한 상황 때문에 종종 다치시는 분들이 많
습니다. 불편하시겠지만, 착륙 후에 급한 용무 빨리 보실 수
있도록 지금 화장실에서 가장 가까운 자리에 먼저 자리를 이
동시켜 드리겠습니다. 죄송합니다."

나는 1차 면접을 보고 난 후, 합격할 것이라는 무언의 확신이 있
었다. 대부분 상황극에서 면접관, 지원자 모두 정답은 알고 있다. 문
제는 무엇을 제공해 드릴 것인지를 밝히는 것이 아니라 **어떻게 제공
해 드릴 것인지를 염두에 두고 답해야 하는 점을 꼭 명심하길 바란다.**
그리고 승객이 느끼는 심리적 부담을 덜어드리고자 구체적인 소요시
간을 제공해 드리고, 아무것도 도움 드리지 않는 승무원이라는 인상
을 심어드려선 안 된다. 안전수칙 내에서 제시해 드릴 수 있는 대안
책을 선택할 수 있도록 하는 것이 승객분들의 불안이나 불만사항을
해소시키는 데 효과적이다. 무엇을 제공해 드릴 것인지가 아닌 어

떻게 제공할 것인지에 대해 참고하여 롤플레이를 준비한다면 큰 도움이 될 것이라 생각한다.

KLM 2nd Round Interview [2차 면접]

2차부터는 대행사가 아닌 KLM 항공 한국지사 부장님, 네덜란드 현지 면접관과 면접을 갖게 된다. 우리는 6명이 한 조가 되어 면접장에 들어섰다. 총 6명 중, 네 명이 전현직, 두 명이 신입 지원자였다.

네덜란드 현지 면접관 : 다들 반가워요. 먼저 지원자 1번은 미국에서 초등학생 때부터 지금까지 살았네요. 미국에서의 삶은 어땠나요? 왜 한국에 왔죠?

지원자 1번 : 네, 저는 아버지의 사업으로 어릴 적부터 미국에 가게 되었는데요. 영어로 블라블라블라~ 샬라 샬라 샬라~

1번 지원자의 원어민 못지않은 영어 실력에 모두 입이 떡하니 벌어졌다. 1번 지원자를 바라보던 네덜란드 현지 면접관의 합격을 예고하는 눈빛에 다시 한번 내 자신이 위축됐다.

네덜란드 현지 면접관 : 다음 지원자도 그럼 간단히 자기소개해 볼
래요?

지원자 2번 : 안녕하십니까. 저는 현재 ○○항공에서 일하고 있
는 지원번호 2번 ○○입니다. 블라 블라 블라~

2번 지원자는 쉴 틈 없이 본인이 준비해 온 자기소개를 읊기 시
작했다. 분명히 완벽한 답변이었지만, 네덜란드 현지 면접관의 얼굴
이 점점 굳어져 갔다. 2번 지원자의 답변이 끝나자 꼬리질문 없이 3
번 지원자에게 같은 자기소개 질문이 이어졌다. 그러나 2번 지원자
와 마찬가지로 네덜란드 현지 면접관은 일관된 표정이었다. 그리곤
4번 지원자부터 질문이 달라졌다.

네덜란드 현지 면접관 : 취미가 무엇인가요?

지원자 4번 : 제 취미는 승마입니다. 승마는 혈액순환에도 좋고
스트레스를 해소하기 좋은 운동이기 때문입니다.

네덜란드 현지 면접관 : 오케이. 다음 지원자도 같은 질문입니다.

눈길 한 번 주지 않고 네덜란드 현지 면접관은 다음 지원자에게
질문을 넘겼고, 그 다음 지원자는 바로 나였다. 난 사실 4번 지원자
의 답변을 듣고 '아뿔싸!' 했다. 이유는 나와 같은 취미를 갖고 있었
기 때문이었다. 하지만 다른 취미를 즉석에서 만들면 더 버벅거릴

65

것만 같았고, 또한 거짓말을 할 수도 없었기에 나는 같은 답을 해야 했다.

　나 : 4번 지원자와 같이 제 취미 또한 승마입니다.

　이러한 나의 대답에 네덜란드 현지 면접관은 '왜 안 그렇겠어?!' 라는 표정으로 책상에 있는 서류에 무엇인가를 적어 내려가며 내게 눈길 한 번 주지 않았다. 아주 짧은 순간이었지만, 난 생각했다. '내가 여기서 이분의 눈길을 받지 못하면 난 떨어지겠구나.'

　나 : 저는 사실 말을 굉장히 무서워합니다. 그래서 레슨 첫날, 말 옆에 다가가기도 힘들어 하루 종일 마구간에 있는 말똥만 치우고 돌아왔었습니다.

　갑자기 이러한 나의 답변에 네덜란드 현지 면접관이 고개를 들고 나를 보며 흥미로운 미소를 잠시 짓더니 꼬리질문을 했다.

　네덜란드 현지 면접관 : 말이 무서웠는데 어떻게 승마를 하게 되었죠?
　나 : 전 말과 친해지기 위해 부단히 노력했습니다. 말이 좋아하는 당근을 주며 천천히 말에게 다가갔고, 교감하려 노력했습

니다. 그랬더니 예전엔 제가 움직이기만 해도 "히이힝!"(직접
이 소리를 냈더니 두 면접관의 웃음이 터졌다.) 하고 소리를 내며 겁
을 주던 말이 어느샌가 제가 다가가도 얌전히 곁에 있어 주
었습니다. 그리고 이제는 저와 떼려야 뗄 수 없는 환상의 콤
비가 되었습니다. 저는 이러한 승마라는 운동을 통해 교감
과 공감이라는 중요한 마음가짐을 배울 수 있었습니다.

네덜란드 현지 면접관 : 말을 흉내 내던 소리가 너무 재미있네
요! 사실 저도 승마에 관심은 있는데 말
을 무서워하거든요. 그래서 더 공감이
가요.

나 : 나중에 현지에서 면접관님을 뵐 수 있는 기회가 오게 된다면
제가 가르쳐드리겠습니다.

네덜란드 현지 면접관 : 정말요? 하하. 고마워요. 꼭 그런 날이
오길 바라요!

이것이 나의 2차 KLM 면접이었고, 면접장에서 나오는 순간 나는
또 한 번의 합격의 감(?)을 느낄 수 있었다. 결과는 예상대로 나, 1번
지원자 우리 둘만이 2차 면접에서 합격하는 영광을 얻을 수 있었다.
나는 당일 있을 마지막 파이널 면접 시간을 선택하고 미리 유니폼 치
수 및 각 개인 정보를 기재하였다.

알다시피, 당시에 나는 에티하드항공 승무원으로 근무 중이었다. 그래서 한국 비행을 신청했었고, 운 좋게 면접 일정에 맞춰 한국으로 비행을 올 수 있었다. 그러나 비행에서 9시간 내내 서비스를 제공하고 한숨도 자지 못한 터라 너무도 피곤한 상태였다. 다행히 파이널 면접까지 4시간의 시간적 여유가 있어 가까운 곳에 숙소를 잡아 조금 쉬었다가 저녁을 먹고, 최상의 컨디션으로 마지막 파이널 면접에 임할 수 있었다.

KLM Final Interview [파이널 면접]

KLM 파이널 면접은 2차에서 뵙지 못했던 다른 네덜란드 현지 면접관, 한국지사 부장님과 갖게 되었다. 면접은 영어와 한국어로 진행되었다.

네덜란드 현지 면접관 : 파이널까지 오신 거 축하드려요.

나 : 감사합니다. 정말 꿈만 같아요!

한국지사 부장님 : 이력서를 보면 현재 에티하드항공에서 일하고 계신데, 오늘 휴가이신가요?

나 : 아니요. 운이 좋게 한국 비행을 받아 오게 됐어요. KLM 항공과 면접 볼 운명인가 봐요.

한국지사 부장님 : 하하. 정말 운이 좋으시네요.

네덜란드 현지 면접관 : 이력서에서 보면 에티하드항공에서 승진이 굉장히 일찍 되었는데 보통 어떻게 승진이 이루어지나요?

나 : 보통 2년 이상 비행을 한 승무원 중 인사 기록이 좋은 승무원들에게 승진 시험을 볼 수 있는 기회가 주어지고 시험에 통과하게 되면 소정의 트레이닝을 거쳐 승진이 이루어져요. 그에 비해 저 같은 경우는 6개월 만에 승진이 되었어요. 거기에는 아주 특별한 이유가 있습니다.

네덜란드 현지 면접관 : 흥미롭군요. 자세히 이야기해 주세요.

나 : 예전 영국행 비행에서 비상구 좌석에 나이 드신 승객 한 분이 타고 계셨어요. 그런데 그 뒷자석에 앉아 있던 다른 젊은 남성 승객이 본인의 자리가 좁다고 컴플레인을 계속 하셨어요. 저는 얼른 사과를 드리고, 불편을 덜어드리기 위해 다른 대안책을 제안해 드렸어요. 하지만 그 손님은 이미 만석인 비상구 좌석으로 좌석 재배치만을 요구하셨죠. 그 장면을 보고 계시던 어르신 손님께서 본인의 자리를 바꿔주시겠다고 하셨죠. 7시간 남짓한 먼 비행시간 동안 비상구 좌석을 선뜻 내드리는 게 쉽지 않았을 텐데 너무 감사하면서도 죄송스럽더라고요. 제가 협조해 주셔서 감사드리고 동시에 불편을 드려 너무 죄송하다고 말씀드리자, 그 승객은 밝게 미소

지어주었어요.

나 : 그러고 나서 서비스가 시작되었는데 공교롭게도 자리를 양보해 주신 손님이 미리 요청해 두신 소고기 요리가 동이 나버린 거예요. 그럼에도 불평 한마디 없이 양해해 주신 그 손님이 고마워 불편한 좌석에 조금이라도 도움이 될까 해서 여분의 쿠션과 수면양말을 제공해 드리고, 비즈니스 클래스 승무원들과 상의해 여분의 비즈니스 식사를 가져다 드렸어요. 또 항공기 내에서 지루해 하시는 그 승객분을 위해 한국 고스톱 게임을 알려드리기도 하며 진심을 다해 편안하고 즐겁게 쉬실 수 있도록 노력했죠. 그랬더니 마지막 하기하실 때 그 승객분께서 다가와 제 이름과 사번을 물으시곤, 따뜻한 서비스에 감사했다며 고마움을 표시하셨죠. 그 일이 있고 나서 얼마 뒤 회사에서 메일 한 통을 받았어요.

놀랍게도 그 메일은 제 승진소식을 전하는 내용이었는데 수기로 작성된 편지가 함께 첨부되어 있었어요. 회사의 안내 메일에 따르면, 자리를 양보해 주었던 분이 저희 회사의 VVIP 임원이셨고, 그날은 저희 항공사 이코노미 구간의 서비스를 체험하기 위해 어느 승무원에게도 본인의 탑승 사실을 알리지 않으셨다고 해요. 비록 소박했지만 따뜻한 제 서비스에 크게 감동하셔서 직접 수기로 저의 승진을 요청하는 편지를 회사에 보내셨던 거예요. 이렇게 저는 다른 신입 승무원에 비해 1년 6개월 일찍 승진할 수 있었답니다.

네덜란드 현지 면접관 : 와우, 마치 드라마 같아요. 그리고 박수가 절로 나는 이야기네요.

나 : 감사합니다. 저도 신기해서 그 메일을 몇 번이나 읽어보았는지 몰라요.

한국지사 부장님 : (잠시 미소 지으시며) 그렇다면 한국인 승무원으로서 본인이 언어 이외에 한국인 승객에게 특별히 제공할 수 있는 것이 무엇이라고 생각하시나요?

나 : 저는 한국 특유의 감성 서비스라고 생각해요.

한국지사 부장님 : 지원자께서 한국 특유 감성의 서비스라고 하셨는데 그러한 서비스를 제공했던 비슷한 사례가 있나요?

나 : 네, 방콕발 아부다비행 비행이었답니다. 탑승 도중, 한국인 신혼부부와 잠시 이야기 나눌 기회가 있었는데, 여성분께서는 신혼여행을 다녀오는 길인데 아직 프러포즈를 받지 못했다며 제게 하소연하셨어요. 아마 지사 부장님께서도 공감하시겠지만, 한국에서는 보통 상견례나 결혼 준비를 다 하고 나서 프러포즈를 하잖아요. 혹은 프러포즈를 안 하는 경우

도 많죠.

한국지사 부장님 : 대개 그렇죠. (고개를 끄덕이며)

네덜란드 현지 면접관 : 우리나라 같은 경우는 결혼식 이전에 2
년 내지 3년 정도 동거를 하고 아이를 낳
은 후에나 혼인신고 및 결혼식을 치르기
도 해요.

나 : 와 그렇군요. 알아두면 굉장히 유용한 정보네요.

한국지사 부장님 : 계속 이야기해 보세요.

나 : 그래서 전 한국 몇몇의 무뚝뚝한 유형의 남성분이신가 보다
하고 이야기할 당시에 넘기기는 했었지만, 한평생 여자로서
프러포즈를 못 받아본다는 것이 많이 안타까웠어요. 그래서
저는 이 신혼부부의 상황을 사무장과 다른 승무원들에게 공
유했고, 결국 저희 승무원 모두는 고심 끝에 기내에서 이 여
성분을 위해 한마음으로 프러포즈를 기획하게 되었어요. 그
여성 승객분이 잠든 틈을 타 남편분을 불러 프러포즈를 제안
했죠. 남편분께서는 부끄러운 걸 왜 하느냐, 프러포즈를 꼭
해야 하느냐고 하셨지만, 제가 적극적으로 여성 승객의 마음
을 대변해서 감성적인 부분을 이해시키려 노력했어요. 마침
내 남편분도 흔쾌히 승낙하셨죠. 다음 아침식사 서비스 전,
저희 사무장님께서는 기내방송으로 다른 승객들께 잠시 양

해를 구하셨어요.

"승객 여러분, 아침식사 서비스 전, 잠시 양해 말씀드립니다. 어느 용기 있는 한 남성분이 아름다운 여성분께 사랑의 마음을 전하고자 합니다. 모두 뜨거운 박수로 함께해 주시기 바랍니다." 이 말이 끝나기가 무섭게 기내에 계신 승객들께서는 환호해 주셨고, 이윽고 남편분은 미리 준비해 둔 편지로 아내에 대한 마음을 읽어 내려가기 시작했어요. 기내방송을 통해서 나오는 편지의 주인공이 본인인 줄 모르고 듣고만 있던 그 여성분께서 갑자기 울음을 터트리셨고, 저희는 때를 놓치지 않고 미리 준비해 두었던 샴페인과 승무원들의 진심이 담긴 수제 케이크를 여성분 좌석으로 제공해 드렸어요. 편지를 다 읽고 달려온 남편분은 아내분을 따뜻하게 안아주셨고 저희의 깜짝 프러포즈는 매우 성공적이었답니다. 이 신혼부부는 하기하는 순간까지 저희에게 몇 번이나 감사의 인사를 전했는지 몰라요.

한국지사 부장님 : 정말 감동적이네요.(환하게 웃으시며)

나 : 그렇죠? 저는 이처럼 승객 한 분, 한 분의 상황을 가볍게 넘기지 않고, 때론 보수적이기도 하고 무뚝뚝하기도 하지만 따뜻함이 녹아 있는 한국 문화 특유의 감성 안에서 공감을 바

탕으로 한마음에 닿을 수 있는 서비스를 제공할 것입니다.

네덜란드 현지 면접관 : 지금까지의 이야기만 듣는다면 현재 지
원자는 너무도 완벽한 사람처럼 느껴져
요. 자, 이제 그럼 본인이 가진 단점을 이
야기해 볼까요?

나 : 저는 이미 면접관께서 말씀하셨듯이, 완벽주의 성격이 있어
요. 때로는 이것이 제 스스로를 괴롭히는 잣대가 되기도 하
지만 그래도 이것 때문에 지금의 제가 있을 수 있지 않나 싶
어요.

네덜란드 현지 면접관 : 지금 지원자가 말한 것은 단점이 아니라
결국 본인의 장점을 말한 것이죠. 저는
솔직한 단점을 듣고 싶어요. 다시 한번
묻겠어요. 본인의 단점이 무엇이죠?

순간 날카로운 면접관의 압박 질문에 잘 보이고만 싶었던 내 속
내를 들킨 기분이었다.

'면접관의 입장에서 나의 이러한 단점이 치명적이지 않을까'라는
생각은 잠시 접어두고 솔직하게 내 단점에 대해 이야기해야겠다고 마
음먹었다.

나 : 저의 단점은 정리벽이 심하다는 것입니다. 특히 팀원들과 함께 일할 때, 이러한 저의 정리벽은 간혹 갈등을 일으키기도 했습니다. 가령 저는 기내에서 물건을 꺼내 쓸 때마다 다시 제자리에 넣어두는 반면, 다른 팀원들은 안전하지 않은 기구를 제외한 나머지 필요한 물건들은 그냥 기내 선반 위에 올려두죠. 누군가가 또 필요할 테니까요. 한 번은 제가 계속해서 정리를 하니 팀원 중 한 명이 "지금 사용하고 있는 도구들은 바로 정리하여 넣어두지 않았으면 좋겠어. 서비스 준비시간이 자꾸 지연되잖아."라고 했어요. 그때 저는 '다수의 팀원들과 함께 일할 때 이러한 저의 정리벽이 다른 동료들에게 불편함을 줄 수 있겠다.'라고 생각하게 되었고, 이러한 문제를 절충할 수 있는 방법에 대해 고민하기 시작했어요. 그리고 고심 끝에 저만의 '종이 칸막이 상자'를 만들었죠. 이 상자를 기내에 접어서 가지고 탄 후, 서비스 준비가 시작되면 자주 쓰는 도구들만 이 칸막이 상자 안에 넣어두고 사용하도록 했죠.

다른 동료 입장에서도 매번 컨테이너를 여닫으며 사용해야 하는 불편함이 사라졌고, 오히려 칸막이 상자 안의 물건이 훤히 들여다보여 찾아 쓰기도 쉬워졌다고 하더군요. 그뿐만 아니라 정리도 동시에 할 수 있어 팀원들에게도 저에게도 효자 아이템이 된 거죠. 이처럼 저는 저의 단점에 있어서 언제나 열린 마음으로 타인의 의견을 경청하고 이를 보완할 수 있는 방법에 대해 고민할 줄 아는 지원자입니다.

네덜란드 현지 면접관 : 단점을 창의적으로 잘 보완했군요.(빙그레 웃어주시며)

최종면접은 위의 질문 이외에 네 가지 정도의 추가질문을 더 받고 총 1시간에 걸쳐 종료되었다.

KLM네덜란드항공 면접을 보고 나서 그 어느 항공사보다 높은 강도의 압박면접이었다고 느꼈지만, 뒤집어 생각해 보면 지원자가 그어느 때보다 솔직하게 답할 수 있는 기회를 주었던 면접이 아니었나싶다. 만약 이 책을 읽고 있는 당신이 외항사 승무원 지망생이라면, 가고자 하는 항공사의 국적에 따른 문화, 국민성을 잘 이해하고 면접에 참여하길 바란다. 직설적이고 솔직하고 실용적인 네덜란드 사람의 국민성이 잘 드러났었던 KLM네덜란드항공 면접 때의 나처럼.

Step 2
면접 유형별 존재감 훈련

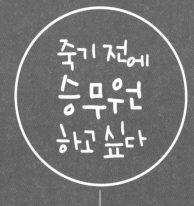

죽기 전에
승무원
하고 싶다

The Presence that can
make you pass 99% in the
document screening process

99% 합격하는 서류 전형에서의 존재감

CABIN CREW

The Presence that can make you pass 99% in the document screening process

 - - - 99% 합격하는 서류 전형에서의 존재감 - - -

For the Brilliant Presence in the document screening process

서류 전형에 대해 우리 학생들에게 가장 많이 받는 질문 중 하나가 "교수님, 서류 면접은 복불복이죠?", "운이 좋으면 합격하는 거 아닌가요?"이다. 이렇게 학생들이 생각하는 이유는 간단하다. 분명 본인은 영끌(영혼을 끌어모아)하여 지원서를 작성하였는데 불합격하였거나 혹은 성의 없게 작성한 것 같은 주변 지인의 합격 소식을 들었기 때문이다. 하지만 답이 틀렸다.

서류 전형은 운빨(?)이 아니다. 매우 분명하고 전략적으로 작성되어야 한다. 지원서는 면접관이 지원자의 얼굴을 미리 들여다보는 것과 같다. 따라서 좋은 말이라면 다 갖다 붙여놓은 것 같은 '특색 없는 빅데이터(?) 이력서'였다거나 항공사에서 추구하는 인재상에서 너무 벗어나 있었다거나 혹은 기본적인 이력서 작성법이 틀렸다면 불합격했을 가능성이 매우 높다.

이 장에서 필자는 누구도 콕 집어 말하지 못했던 99% 합격할 수 있는 이력서 및 자기소개서 작성법에 대해 함께 이야기를 나누고자 한다. 그러기에 앞서, 지원자로서 가장 기본적으로 알아야 하는 국내 항공사와 외국 항공사의 채용 절차에 대해 간략히 알아보자.

국내 항공사인 대한항공의 채용 절차(2020년 12월 기준)는 서류전형, 1차 그룹 면접, 2차 영어구술 면접, 체력테스트, 3차 임원면접 그리고 건강진단 후 최종 합격이 이루어진다. 아시아나항공의 경우 3차 임원면접이 없고 2차 영어구술 면접과 임원면접이 동시에 이루어지며 TOEIC Speaking 레벨 5, OPIc IL 등급, ESPT 480점 이상(대한항공의 경우 TOEIC 550점 또는 TOEIC Speaking 레벨 6, OPIc IM 이상만 지원 가능)이면 영어구술 면접이 면제된다.

외국 항공사의 경우 너무 광범위하기에 내가 퇴사했던 에티하드항공과 KLM네덜란드항공의 채용 절차(2020년 12월 기준)만 공유하겠다. 에티하드항공은 서류전형, CV Drop(암 리치, 스몰토크, 워드 슈팅),

영어시험, 그룹 토론, 1:1파이널 면접으로 진행된다. 이때 서류 전형에서 합격하게 되면 개별적으로 전화가 와서 지원 동기, 왜 승무원이 되고 싶은지, 면접 일정 조율 등과 같은 간단한 통화를 하게 되고 면접 초대장(invitation)을 받게 된다. 여기서 외항사(외국 항공사)에 첫 지원이라면 암 리치가 무엇인지 워드 슈팅이 무엇인지 궁금할 것이다. 암 리치란 통상적인 기내 선반의 높이인 212cm에 팔이 닿는지를 측정하는 것을 말하는데(tiptoe, 발끝 올리기 가능) 이때 면접관과 간단한 대화를 하며 면접이 진행된다. 암 리치 면접 절차는 기내 안전 및 객실 서비스와 관련성이 높기 때문에 중요한 면접 절차라 할 수 있고 각 항공사의 보유 항공기에 따라 높이의 기준점이 달라질 수 있으니 참고 바란다. 워드 슈팅은 몇 가지 주제가 적힌 카드를 랜덤으로 뽑게 하여 해당 주제에 대해 이야기하는 면접 절차이다. 따라서 지원자가 긴장하지 않고 페이스를 잘 유지하며 순발력을 발휘하는 것이 매우 중요하겠다. 특히 30초 이상 길게 이야기하지 않도록 주의하도록 한다.

KLM네덜란드항공의 채용 절차(2020년 12월 기준)는 서류전형, 1차 그룹 면접(국내 채용 대행사 관계자들과 면접 진행), 2차 그룹 면접(KLM 본사와 한국 지사 관계자들과 면접 진행), 그리고 파이널 압박면접으로 이루어진다. 외항사 중 KLM네덜란드항공의 면접은 압박의 수위가 가장 높은 편이고 한국어와 영어가 동시에 이루어지니(핀에어도 동일) 한국어와 영어 둘 다 면접 답변을 준비하기 바란다.

그럼 이제 본격적으로 합격률을 높일 수 있는 서류 전형 노하우에 대해 이야기해 보도록 하겠다. 대개 항공사 같은 경우 매 신입사원 채용 전, 인적 요건에 관한 키워드를 사전에 다르게 설정한다. 예를 들어 쉽게 설명해 보겠다. 최근 모항공사에서 비행기 사고가 있었다고 가정해 보자. 그렇다면 해당 항공사는 이것에 대한 부정적이미지를 쇄신하고자 그해, 신입사원 채용 시 이력서에 "안전을 엄수하는", "책임감 있는"과 같이 신뢰나 안전에 관한 키워드가 포함되어 있는 지원서의 지원자를 합격시킬 가능성이 높다는 것이다.

그게 어떻게 가능할까?

항공사 인사 채용팀에서는 관련 시스템을 가동시켜 해당 키워드가 포함된 이력서나 자소서를 1차적으로 서류에서 거를 수 있고 혹은 가산점을 부여하는 방식을 채택할 수 있기 때문에 가능한 이야기이다.(일부 몇 항공사는 다를 수 있음) 따라서 입사를 희망하는 항공사에 지원하기 전에 제일 먼저 해당 항공사 홈페이지에 접속한 후 그 기업이 최근 주력하고자 하는 서비스, 노선, 꾀하고자 하는 이미지, 또는 관련 소식을 수집하는 과정을 거칠 것을 추천한다. 그 항공사는 최근 소식, 쇄신하고자 하는 이미지, 주력할 서비스를 토대로 '서류 전형 심사 키워드'를 설정할 가능성이 매우 높기 때문이다.

아마 이 챕터를 읽으며 여러분은 이미 고개를 수천 번 끄덕였을 것이고, 책장이 닳아지도록 색깔 펜으로 밑줄 쳤을 것이다. 그러나 "교수님, 책이나 강의 들었을 때는 이해가 갔는데 막상 이력서나 자소서를 작성하려니 너무 막막해요."라고 할 것이라 본다. 불 보듯 뻔할 상황이기에 다음에서 나와 함께 이력서 키워드 작업을 하나하나 스텝을 밟아가며 작성해 보도록 하자.

99% 합격하는 이력서 함께 완성하기

첫째, 지원하고자 하는 항공사 홈페이지에 들어가 최근 소식, 동향, 주력하고자 하는 서비스 혹은 신규 도입될 서비스 등에 관련된 정보를 수집한 다음 그 자료를 바탕으로 다음 채용 시 중점이 될 것 같은 예상 키워드를 10가지 정도 예상하여 적어본다.

예

● 항공사 연착 관련 소식이 있을 시-시간을 엄수하는
● 세계 곳곳에서 전염병이 발병한 상황-안전을 준수한, 위생관념이 뚜렷한

둘째, 이렇게 선정한 10가지의 키워드를 본인의 키워드와 연결지을 것이다. 즉 이 단계는 '서류 심사 키워드'와 연결지을 지원자의 콘셉트를 찾아내는 단계라 이해하면 쉬울 것이다. 이 작업이 시간이 가장 오래 걸리는 만큼 중요한 단계이기도 하다. 이제부터 필기할 노트를 준비하자. 그리고

지금부터 미리 선정해 둔 **10가지 예상 키워드를 참고해** 가
며 내가 아래에서 제시하는 주제에 대해 본인의 경험을 아
주 간략히 적어보는 것이다.

주제

- 최근 가장 흥미로웠던 경험(취미, 새롭게 배우게 된 것, 감명 깊었던
  것, 항공사 최근 소식 중에서 본인이 가장 흥미롭게 생각했거나 본인
  의 장점과 연결지을 수 있을 만한 이슈 등이 이에 해당)
- 성취감을 느꼈던 경험
- 불가능해 보였지만 내가 가진 장점을 통해 성취했던 경험
- 팀과의 화합을 통해 위기를 극복했던 경험
- 내 장점으로 실수를 보완했었던 경험
- 해외여행 시 인상 깊었던 경험(본인에게 어학연수 경험이 있거나 외항
  사 지원 시 필수)

셋째, 이제 위의 여섯 가지 주제에 대한 내 이야기에 각각의 제목
을 달아준다.

예 순발력이 돋보인 OO상황, 창의력을 통해 OO위기 극복, 조원들과
역할 분담을 성공적으로 하여 팀 프로젝트 우승 등

넷째, 첫 번째 단계에서 찾아두었던 10가지의 '예상 서류 심사 키
워드' 중, 나의 이야기 제목 콘셉트와 연결지을 수 있을 만
한 키워드 6가지를 최종적으로 선정한다.(핵심 키워드가 6가
지 이하라도 상관없다.)

다섯째, 이렇게 정해진 '항공사의 키워드와 내 콘셉트가 일치하는 6가지 핵심 키워드'를 가지고 이와 관련성이 높게 이력서를 본격적으로 작성해 나가기 시작한다. 키워드에 '창의적인'이란 키워드가 포함되어 있다고 가정해 보자. 그러면 모든 지원자의 수상 경력을 다 적는 게 아니라 이와 관련된 ○○발명 콘테스트에서 수상했던 경력을 선택적으로 기재하는 것이 현명하다.

여기서 나는 왜 여러분들에게,

이력을 선택적으로 골라 기재하도록 권하는가?

이유는 이렇다. 이력서가 길면 무조건적으로 좋다고 생각하는 지원자들이 꽤 많다. 그래서 어떤 분들은 4장, 5장 혹은 그 이상을 기재하여 제출한다. 지원서가 길수록 본인이 경쟁력 높은 지원자라고 착각한다. 하지만 이것은 현명한 방식의 작성법이 아니다. 여러분이 지원서 분량에 앞서 가장 먼저 고려해야 할 사항은 '면접관도 사람이다.'라는 것이다. 면접관은 하루에 적게는 몇십 장, 많게는 2천 장 가까이 지원서를 검토해야 한다. 따라서 면접관은 시간과 에너지 절약을 위해 인재를 채용할 때는 필요한 정보만 걸러 읽고 싶어 한다. 이것은 명백한 사실이다. 따라서 여러분이 입사를 희망하는 항공사에 합격률을 높이는 이력서를 작성하여 제출하고 싶다는 마음이 크다면 앞서 우리가 함께 작업했던 '항공사의 키워드와 내 콘셉트가 일치하는 6가지 핵심 키워드' 작업을 하시라 권한다. 이 작업은 현재 해당 항공사가 원하는 인재상을 미리 예상해 보고 그에 맞추어 본인의 콘셉트를 설정한 다음, 그 방향성대로 이력서를 작성해 볼 수 있는 가장 좋은 방법이기 때문이다. 어쨌든 끝내 적정량의 이력서 분량에 대해 문의한다면, 한두 장 내외가 적합하지 않을까 하고 조심스레 답한다. 여기에서 포인트는 정해진 키워드에 맞춰 지원자의 꼭 필요한 정보가 들어갈 수 있도록 하는 것이라는 점을 명심하자.

마지막으로 자기소개서에는 어떤 내용을 기재해야 할지 궁금할 것이다. 그러나 이미 여러분은 본인의 콘셉트를 찾아내는 두 번째 단계에서 자기소개 및 지원 동기를 완성하였다. 최근 가장 흥미로웠던 경험(취미, 새롭게 배우게 된 것, 감명 깊었던 것, 항공사 최근 소식 중에서 본인이 가장 흥미롭게 생각했거나 본인의 장점과 연결지을 수 있을 만한 이슈 등이 이에 해당), 성취감을 느꼈던 경험의 이야기를 토대로 항공사 핵심 키워드에 맞는 자기소개 및 지원 동기를 완성할 수 있겠다. 그 외 불가능해 보였지만 내가 가진 장점을 통해 성취했던 경험은 장점이 될 수 있겠고, 내 장점으로 실수를 보완했던 경험은 나의 단점과 그 단점을 극복했던 내용으로 완성될 수 있겠다.

이력서 기본형식 바로 알기

1 형식상의 오류는 범하지 말자.

만약 지원하는 항공사에서 파일 양식을 지정하였다면 반드시 지정된 양식으로 첨부해야 한다.

2 표를 이용한 이력서의 경우 선의 굵기나 종류를 다르게 하여 깔끔하게 한눈에 구분되도록 정리하자.

여기에서 주의할 점은 페이지 마지막에 표가 위치해 있다면, 두 페이지로 나눠 보이지 않도록 해야 한다.

3 지원하는 회사 로고를 삽입할 경우 로고가 깨지지 않도록 주의하자.

4 의도적인 경우가 아니라면 폰트의 종류가 섞이지 않도록 하고, 띄어쓰기 및 맞춤법이 틀리지 않도록 유의하자.

5 회사명을 다른 회사명과 착각하지 않도록 주의하고, 잘못 작성하지 않도록 유의하자.

6 한국어 지원서인 경우 가급적이면 영어 표현은 줄이도록 하자.

7 학력과 경력 등의 내용을 기입할 경우 업무내용이나 배운 점을 자세히 기재하도록 하자.

> 예 ○○ 대학교 호텔항공서비스과
> – 학생회 홍보대사 활동을 통하여 리더십 확립

8 사진이 깨지지 않도록 규격 사이즈에 맞춰 첨부하도록 하고, 이력서에 공란이 생기지 않도록 공란을 말끔히 정리하도록 하자.

9 지원자의 개성이 엿보이는 자유 양식을 새롭게 고안하여 활용해 보자. 단, 너무 복잡하게 보이지 않도록 하고 한눈에 알아보기 쉽게 만드는 것이 중요하다.

		성 명	한) 송 혜 교		핸드폰번호	010.0000.0000
			영) Hyekyo Song		전화번호	010.0000.0000
인적사항		주민번호	920119-0000000			
		이메일	Hyekyo8846@gmail.com			
		주 소	우)11600 경기 의정부시 호암로 296			
			풍림아파트112동 1207호			

학력사항	기 간	학교명	구 분	전 공	비고
	0000.00.00~0000.00.00	○○대학교	석사	관광학	재학
	0000.00.00~0000.00.00	○○대학교	전문학사	호텔항공서비스과	수료
	0000.00.00~0000.00.00	○○고등학교	고등학교	해당없음	수료

경력사항	기 간	회 사 명	부서/직위/상태	업무내용
	0000.00.00~ 현재	○○항공	객실서비스부/ 캐빈승무원/재직	프리미엄클래스 교육이수 및 고객평가 최상위 등급
	0000.00.00~0000.00.00	○○호텔	F&B서비스부/ 홀담당사원/퇴사	호텔을 대표하는 홍보대사활동참여
	0000.00.00~0000.00.00	○○여행사	항공사업부/ 예약관리사원/퇴사	항공권판매 최다기록 사원
	0000.00.00~0000.00.00	○○카페	F&B서비스부/ 홀담당사원/퇴사	최우수바리스타상수상 및 고객평가 우수사원

어학연수	기간	내용
	0000.00.00~0000.00.00	싱가포르소재 호텔리어 아카데미 교육 수료
	0000.00.00~0000.00.00	영국 소재 승무원 체험 학교 교육 수료

자격사항	취득일자	내용	발행기관
	0000.00.00~0000.00.00	TC(Tour Conductor)국외여행인솔자 1급	한국여행협회
	0000.00.00~0000.00.00	SCAE(유럽)국제바리스타 중급	SCA협회
	0000.00.00~0000.00.00	CS강사 1급	한국서비스진흥협회

어학능력	언어	어학수준	관련자격사항
	영 어	유 창	토익(TOEIC 900), OPIC(AL)
	중 국 어	중 급	HSK(5급)

기타활동	일자	내 용	기 관
	0000.00.00~0000.00.00	어르신들께 식사, 청소, 거동 도우미 봉사 제공	○○양로원
	0000.00.00~0000.00.00	발달 및 습관 장애 어린이들에게 예절 및 심리건강 교육 제공	○○발달장애아동지원센터

상기 내용은 사실과 다름 없음을 확인합니다.

송혜교 본인 (서명)

HYEKYO8846@GMAIL.COM

(+82)10.0000.0000

296 HOAMRO SEOUL
SOUTH KOREA

DATE OF BIRTH
JAN. 19. 1992

KEYWORD

OBSERVANT,
PERCEPTIVE, COOPERATIVE,
INTERNATIONAL

NOTABLE
ACHIEVEMENT

TOUR CONDUCTOR 1$_{st}$GRADE
SCAE BARISTA - ADVANCED

LANGUAGES

KOREAN(NATIVE)
ENGLISH(FLUENT)

WORK EXPERIENCE

○○HOTEL
00.00.0000 ~ 00.00.0000, Food & Beverage waitress

Welcomed customers and provided good service to make their stay comfortable and memorable. Effectively handled difficult customers using empathy and training in listening techniques. Prepared and served breakfast buffets including egg dishes, meal platters, and fresh fruit plates.

○○CAFETERIA
00.00.0000 ~ 00.00.0000, Barista

Consistently provided excellent customer service by building rapport with customers and conversing while preparing their order. Developed specialty coffee drinks to be featured on our monthly menu through researching customer's preferences. Maintained accurate inventory counts to meet customer demands and sustain operations.

EDUCATION

○○ UNIVERSITY
00.00.0000 ~ present
Masters Degree in Tourism

○○ UNIVERSITY
00.00.0000 ~ 00.00.0000
Associate Degree in Hotel & Aviation Service

INTERNATIONAL EXPERIENCE

INTERNATIONAL CABIN CREW COURSE
00.00.0000 ~ 00.00.0000, London, UK
Learned the fundamental duties of flight attendants and basic operations of multiple aircraft. Obtained knowledge related to passenger management and aircraft operational safety including emergency landing on land and water.

HOTELIER TRAINING COURSE
00.00.0000 ~ 00.00.0000, Singapore, Singapore
Developed the skills necessary for providing premium customer service. Gained interpersonal skills essential for successfully handling international clients. Acquired detailed knowledge of various cuisines.

I declare that the above information is a fact.   Hyekyo Song(Signature)

93

Small talk with a
strong Presence

존재감 있는 스몰토크

CABIN CREW

Small talk with a strong Presence

 존재감 있는 스몰토크

For the Brilliant Presence in Small Talk

　예비 승무원분들에게 가장 많이 듣는 질문 중 하나가 "제 이미지가 〈고양이상〉인데 〈강아지상〉을 선호하는 ○○항공사 이미지 때문에 지난 채용에서 떨어지지 않았을까요?'였다. 물론 각 항공사에서 선호하는 이미지나 인재상은 존재한다. 하지만 모든 사람이 이에 맞게 생김새나 이미지, 그리고 성격이 같을 순 없다. 이해하기 쉽게 재미있는 비유를 하나 들어보겠다. 소위 칼군무를 뽐내야 하는 걸 그룹 혹은 아이돌 그룹의 기획사는 통일된 퍼포먼스와 안정감 있는 팀 구성을 위해 멤버들을 선택함에 있어 굉장히 신중한 편이다. 그러나 꼭 외모와 성격이 비슷한 멤버만을 고집하진 않는다. 다양한 팬층 형성을 위해 각기 다른 생김새, 다른 재주와 개성을 뽐내는 사람들로 구성시키지 않는가. 그래야 니즈가 다양한 고객들의 마음을 사로잡을 수 있기 때문이다.

다시 말해 이는 팀플레이를 중요시하는 항공사 채용에서도 비슷하게 적용되는 부분이다. 글로벌 서비스를 추구해야 하는 항공 승무원으로서 다양한 빛깔의 승무원들이 만나 통일된 하나의 빛으로 승객들에게 전문적인 서비스를 제공하는 것은 중요하다. 그리고 이때 회사가 추구하는 인재상이나 이미지, 그리고 서비스 철학이 채용 심사에 있어서 좋은 지표가 되어주는 것은 사실이다. 단 이러한 지표는 좋은 참고자료일 뿐이지 모든 승무원들이 꼭 이에 맞는 외모와 성격을 지니고 있어야 하는 것은 아니라는 것이다. 특히 요즘은 온라인 비디오 면접, 블라인드 채용, 그리고 ○○항공사의 재주 면접 등 형식적이고 획일화된 스펙, 생김새보다 지원자의 개성과 아이디어에 가치를 두는 채용 방식으로 면접의 트렌드가 새로운 패러다임을 맞고 있다. 스몰토크 및 1차 면접 준비에 앞서 이러한 면접 트렌드에 주목할 필요가 있다.

덧붙여, 항공사 승무원은 단순한 미인대회가 아니라는 것이다. 항공사를 이용하는 승객들이 기내에 탑승하여 도움을 요청했을 시, 진심이 느껴지는 미소와 편안한 목소리 톤을 갖추었는지 혹은, 신뢰가 느껴지는 전문적인 서비스를 제공할 수 있는 자세와 덕목을 함양하였는지를 보기 위한 채용 절차라는 것을 명심하도록 하자.

이처럼 승무원 면접을 준비하기 이전에, 면접관 입장에서 혹은 승객의 입장에서 지혜로운 답변을 고민해 보고, 진심이 담긴 따뜻한 미소를 준비한다면, 승무원 면접 준비과정에 큰 도움이 될 것이라 생각한다.

국내 항공사 & 외국 항공사 1차 면접
기출문제와 면접관 의도 파악하기

Introduction [자기소개]

I + Know-how = I know how

나 + 노하우 = 나는 방법을 알고 있다.

욕심을 버려야 한다. 틀을 크게 잡아 본인의 모든 것을 나열하듯 줄줄 말하기보다는 구체적인 에피소드를 넣어 식상하지 않을 한두 개의 인상 깊은 점을 강조해 자신의 첫인상을 강력하게 남겨보자.

⭕ Introduction [영어 자기소개 답변 예시]

Good morning!

Have you heard of the flower "Blue Rose"?

It is a very special flower which in the language of flowers symbolizes "miracle love'. I think this flower represents what I bring to the work I do in the service industry. I tried to fulfill this message of miracle love when I volunteered as a social worker for 8 years at a local nursing home. I was the only person working there who became close with the elderly people who had difficulty hearing and speaking. The reason I could do this is I am very observant and perceptive. I paid close attention to their facial expressions and did my best to understand them and be a sympathetic assistant who acted as a daughter for the residents there. Other volunteers said that my presence there was like a miracle love that enabled the old people to smile and communicate more with people.

I also hope to spread this idea of the Blue Rose miracle love on board in KLM Royal Dutch Airline.

● Introduction [한국어 자기소개 답변 예시]

　　○○침대는 가구가 아니라 과학이듯 서비스는 절차가 아닌 진심입니다. 저의 성격은 어느 상황이 발생해도 진심으로 대하되 쉽게 동요되지 않는 차분함을 가지고 있습니다. 대학생활 도중 학우 한 명이 쓰러진 적이 있었습니다. 모두 깜짝 놀라 어떻게 대처할지 몰랐을 때 저는 그 학우가 걱정되는 마음에 한 치의 망설임 없이 상황에 대처하였습니다. 먼저 다른 학우에게 응급기관에 도움을 요청하도록 부탁하고 쓰러진 학우의 기도를 열고 간단한 응급처치를 해 쓰러진 학우가 무사히 병원으로 옮겨질 수 있었습니다. 이처럼 저는 어떤 상황에도 침착함을 잃지 않고 마음을 다하여 대처하는 승무원이 될 수 있을 것이라 자신합니다.

Tell me about ◯◯◯ Company

[희망하는 회사에 대해]

I + Know-how = I know how

나 + 노하우 = 나는 방법을 알고 있다.

보통 회사에 대해 단편적인 정보만 술술 읊는 경우가 많다. 물론 신규 취항지, 보유 기종 등의 인지적인 부분도 매우 중요하지만, 가장 인상 깊었던 몇 가지 정보에 대해 간단히 이야기하며 지원자와 연결해 본다면 더욱 존재감을 높일 수 있다.

○ Tell me about ◯◯◯ Company [영어 답변 예시]

As far as I know, ◯◯ airlines has not only the excellent service and fascinating facilities but also lovely and professional cabin crews who have the affection for company. When I was on board at the first time in ◯◯ airline from Shanghai to Abudhabi, I remember that flight with warm and professional service. Specifically, I missed the meal time when I was sleeping, but one of the cabin crews brought me a hot towel and tasty meal after I woke up. I was very moved as a passenger at the time, and realized how a small action like that can influence one passenger and the entire flight experience.

From my experience, I am sure that the biggest asset of ○ ○ airline is the cabin crews who know delicate and dedicated care is important for each passenger.

● Tell me about ○○○ Company [한국어 답변 예시]

발달장애 아동을 위해 전세기를 운항하고, 소외계층을 위한 바자를 열었으며, 중국의 소학교에 교육자재를 지원하는 등 많은 사회 공헌 활동을 하고 있는 ○○○항공사는 나눔을 바탕으로 한 저의 서비스 소신과 많이 닮았다고 생각합니다.

"가장 중요한 것은 마음으로 보는 거야."

생텍쥐페리의 『어린 왕자』 중 이 구절은 언어를 뛰어넘어 '마음'으로 상대를 본다면 내면으로 깊이 소통할 수 있다는 내용인데요. 이것은 제 마음을 나누고 베푸는 것이라고 생각하며, 마음을 주면 있던 것이 사라져버리는 것이 아니라, 두 배가 된다고 믿는 ○○○항공의 서비스 가치와 함께한다고 생각합니다.

Can you tell us something you have recently read about our company?

[최근 회사 소식에 대해]

I + Know—how = I know how

나 + 노하우 = 나는 방법을 알고 있다.

회사에 대한 관심도를 확인하고 최근 이슈에 대해 얼마나 인지하고 있는지 묻는 문제이다. 면접 전, 꼭 희망하는 회사 홈페이지에 들어가 소식이나 기사를 읽어보고 인상 깊었던 내용에 대한 생각을 정리해 보자.

I + Know-how = I know how

나 + 노하우 = 나는 방법을 알고 있다.

관광 관련 전공자는 가장 흥미로웠거나 혹은 자기계발을 하는 데 큰 도움을 주었던 과목, 활동 등을 이야기하며 승무원 업무와의 연관성으로 제시해 보도록 하고, 비전공자는 전공하고 있는 분야가 관련 서비스를 수행하는 데 어떠한 도움을 줄 수 있는지에 대해 이야기하는 것이 좋다.

● Major [비전공자 영어 답변 예시]

My major is mass communication. I have learned how to listen to and understand others well. There are so many ways that people express their feelings. Over the years I have done a lot of group projects with many different classmates sharing ideas and doing assignments together, working closely for weeks at a time. Those experiences helped me to realize the importance of communication and teamwork.

From those lessons, I am sure that I can be a cabin crew who can respond to and understand well both my co-workers and customer's needs.

● Major [전공자 한국어 답변 예시]

저의 전공은 호텔항공서비스입니다. 한번은 학교에서 항공업무라는 과목을 통해 심폐소생술을 배우며 기내에서 일어나는 응급상황에 대해 대처해 보았습니다. 그러한 과정들은 저에게 객실 승무원으로서 승객 안전에 대한 책임감을 더욱 느끼게 해주었고 진정한 서비스에 대해 다시 한번 생각할 수 있는 기회를 주었습니다. 그렇기에 저는 귀사에서 그 누구보다 안전에 대한 자각심을 가진 일원이 될 수 있을 것이라 자신합니다.

Why do you want to be a cabin crew?
[왜 승무원이 되고 싶나요?]

I + Know-how = I know how
나 + 노하우 = 나는 방법을 알고 있다.

면접에서 가장 중요한 답변이 되지 않을까 싶다. 앞서 [99% 합격하는 서류 전형에서의 존재감]에서 언급한 내용 중, 필자는 매 채용마다 기업의 심사 키워드를 예상하고 그에 맞춰 본인의 콘셉트를 4~5가지 설정하는 방법을 일러주었다. 이제 그 4~5가지 키워드 중 한 가지를 골라 전략적인 에피소드를 공유해 보도록 하자.

⬤ Why do you want to be a cabin crew? [한국어 답변 예시]

혼자서 짊어지지 않고 든든한 팀과 함께 업무를 수행할 수 있는 것은 승무원 직무의 가장 큰 특징이라 생각합니다. 저는 건담 프라모델을 모으고 조립하는 것을 좋아합니다. 조그만 부품들이 모여 하나가 되는 과정이 좋기 때문입니다. 많은 부품들 중 하나라도 빠진다면 건담은 완성되지 않습니다. 이처럼 팀워크도 마찬가지로 각자의 기능에 충실하며 팀원들 서로의 단단한 지지 속에서 완성된다고 생각합니다. 체계적인 분업을 요구하고 비행마다 팀원이 바뀌는 승무원의 업무환경과 이러한 저의 소신이 잘 어우러져 최상의 시너지 효과를 낼 수 있다고 생각했기에 승무원이 되고 싶습니다.

Why did you apply for our company? [지원동기]

I + Know-how = I know how

나 + 노하우 = 나는 방법을 알고 있다.

앞서 언급한 [왜 승무원이 되고 싶나요?]와 같은 방법으로 답변을 완성한다. 다시 말해 회사가 추구하는 서비스 철학, 인재상, 회사와 관련된 에피소드, 광고, 특화 서비스와 연관지을 수 있는 나의 에피소드, 장점, 특징 등에 중점을 두고 생각해 보도록 한다. 여기에서 핵심 포인트는 단순하게 회사를 소개하는 문맥이 아닌, 회사의 특징적인 부분과 지원자가 어필하고자 하는 지원자의 매력을 재치 있고 센스 있게 연결시켜 동기를 부각시키는 것이 중요하다.

Strength [장점]

I + Know-how = I know how

나 + 노하우 = 나는 방법을 알고 있다.

여러 개의 장점을 말하기보단, 한 개 내지 두 개 정도의 장점을 사례로 들어 이야기한 다음 면접관이 지원자의 업무수행능력을 가늠해 볼 수 있도록 유도해 본다.

◯ Strength [영어 답변 예시]

I am good at communicating with people, and negotiating compromise in a conflict. For instance, when I was doing a group project, there was a conflict about punctuality between a group member from Germany and one from Thailand. As the conflict got worse, I proposed a group meeting to deal with this matter. Through meeting together and talking about the issue, the team members realized they had a different concept of time and punctuality due to their different social and cultural back-grounds. After acknowledging this and coming to understand each other, we were able to move forward with our group project more easily.

I think that my strengths bringing people together and facilitating teamwork in this manner could also be effective for someone working on a plane.

● Strength [한국어 답변 예시]

뜻이 있는 사람은 무거워야 한다. 깊이 있는 묵묵함이 제 장점입니다. 저는 '그래서'가 아닌 '그럼에도 불구하고'라는 말을 참 좋아합니다. 상황이 마음에 들지 않는다고 불평하고 포기한다면 그 뜻을 가볍게 하는 반증이 된다고 생각하기 때문입니다. 저는 '그래서'라고 핑계를 대기보다 '그럼에도 불구하고' 나는 할 수 있다고 생각하며 제 맡은 바를 성실하고 긍정적으로 해냅니다. 이러한 생각에서 나오는 저의 묵묵함은 고된 승무원의 업무에 쉽게 지치지 않을 힘을 발휘할 수 있고 동시에 동료들의 든든한 버팀목이 되어줄 수 있을 거라 확신합니다.

Weakness [약점]

I + Know—how = I know how

나 + 노하우 = 나는 방법을 알고 있다.

장점 같은 약점을 쓰려고 하는 경우가 많으나, 면접관은 본인의 약점을 잘 알고 있고, 이를 현실적으로 잘 보완하여 업무에 임할 수 있는 솔직한 답변을 원한다.

⊙ Weakness [영어 답변 예시]

I am not good at multi-tasking. So, I sometimes miss one of small things. To avoid that happening, I carry a small piece of paper in my pocket and I try to make a note for myself to keep track of and prioritize everything.

When I am done with something, I cross it out with a high-lighter, which makes me feel like I have completed my mission. In addition, it helps me a lot in managing my time and not forgetting even the small things.

● Weakness

마음속에 있는 이야기를 쉽게 꺼내지 못하는 것이 제 단점입니다. 저는 예전에 팀원과 트러블이 생겼을 때 혼자 해결하려고만 했습니다. 교대시간에 늦는 팀원에게 잘못된 점을 말하지 못하고 오랫동안 끙끙 앓다가, 고민 끝에 이를 극복해 보고자 그 동료와 따로 대화할 수 있는 시간을 마련해 보기로 하였습니다. 솔직하게 말하는 것이 상대의 기분을 상하게 할 것이라는 제 생각과 달리 오히려 팀워크의 부족한 부분이 채워지며 팀 분위기는 더욱 좋아지게 되었는데요. 이를 계기로 문제를 덮는 것보다 팀원들과 함께 머리를 맞대어 고민하고 솔직하고 적극적으로 해결해 나가는 것이 업무의 효율을 높여 팀 분위기를 돈독하게 한다는 것을 깨닫게 되었습니다.

Hobby [취미]

I + Know−how = I know how

나 + 노하우 = 나는 방법을 알고 있다.

자칫 식상하기 쉬운 질문이기도 하지만 지원자의 재치나 매력을 어필할 수 있는 귀한 질문이기도 하다. 책이나 인터넷에서 찾을 수 있는 취미에 대한 소개보다는 단순한 취미일지라도 지원자가 왜 이 취미를 갖게 되었는지 혹은 취미에 관련된 재미있는 에피소드를 소개하며 특별한 존재감을 뽐내보는 건 어떨까?(KLM 항공 2차 면접 때 나온 필자의 취미에 대한 문답을 참고하도록 하자.)

What did you prepare for the interview?

[면접을 위해 무엇을 준비했나요?]

I + Know—how = I know how

나 + 노하우 = 나는 방법을 알고 있다.

단순하게 '저는 면접 공부를 해왔고 영어공부를 열심히 했습니다.'가 아닌 '제가 사는 ○○지역에서 함께 공부할 멤버를 이러이러한 방식으로 모집해 공부해 오고 있습니다. 저희 스터디 그룹은 다들 각양각색의 장점이 빛나는 멤버들이 많아 어벤저스 팀이라는 팀명도 갖고 있습니다. 특히 저희는 함께 파이널 면접(임원면접)을 연습해 보곤 하는데 그때마다 실제 면접처럼 떨리기도 한답니다.'처럼 자신의 흥미진진한 이야기를 녹여 말해보도록 하자.(20초 내외로 간략히 준비해 볼 것)

◯ What did you prepare for the interview? [영어 답변 예시]

I am currently practicing my Chinese speaking with a Chinese teacher. I Especially try to improve my Chinese reading ability by often reading articles in Chinese. In addition I spend time preparing for job interviews by reviewing sample interview questions and answers.

How would you contribute to our company?

[회사에 어떻게 공헌하실 건가요?]

I + Know-how = I know how

나 + 노하우 = 나는 방법을 알고 있다.

지원자가 가장 흔히 하는 실수는 한 가지 면접 질문에 다수의 매력을 어필하려고 하는 것이다. 기출문제에 대해 고민하기 전, 본인이 어필하고자 하는 부분들을 정리해 보자.([99% 합격하는 서류 전형에서의 존재감] 내용 참고) 또한 필자가 늘 강조하듯, 일방적인 이야기 전달에 초점을 맞추지 말고 면접관의 흥미를 유도하여 추가질문을 얻어낼 수 있거나 공감대를 형성할 수 있는 답변을 고민해 보도록 한다.

● How would you contribute to our company?

[한국어 답변 예시]

저는 조개 속에서 진주를 발견하듯 다른 사람의 장점을 발굴하여 잘 활용하도록 도와줄 수 있는 강점을 가졌기에 혼자 일할 때보다 팀원들과 함께 일할 때 더 좋은 성과를 거둘 수 있습니다. 대학 재학 시절, 홍보활동을 하던 중 자신의 얼굴에 있는 여드름 때문에 사람들을 대하는 데 있어 자신감이 없었던 학우를 알게 되었습니다. 하지만 저는 그 친구의 눈웃음이 매력적이라는 것을 알게 되었고, 이를 벗삼아 그 친구가 본인의 매력을 바로 알고 자신감을 가질 수 있도록 노력했습니다. 이를테면 자주 칭찬을 해준다거나, 눈웃음이 더욱 빛날 수 있는 메이크업이나 헤어스타일을 찾아내어 공유하기도 하였습니다. 점차 그 친구는 용기를 가지게 되었고 홍보활동에도 더욱 열심히 참여하는 긍정적인 결과를 가져왔습니다. 이렇듯 저는 팀과 함께 일할 때 팀원들의 장점을 발견해 용기를 북돋아주며 더불어 일할 수 있고 좋은 영향력을 가진 팀원이 될 수 있을것이라 자신합니다.

How do you manage your health?

[건강관리법]

I + Know-how = I know how

나 + 노하우 = 나는 방법을 알고 있다.

불규칙한 스케줄과 시차를 견뎌야 하는 객실 승무원의 업무 특성상, 건강을 관리하고 유지하는 것은 매우 중요하다. 나만의 특별한 건강 관리법을 면접관과 공유해 보도록 하자.

Cabin crew's demerits
[기내 승무원의 단점]

I + Know—how = I know how

나 + 노하우 = 나는 방법을 알고 있다.

객실 승무원의 장점뿐 아니라 단점을 미리 생각해 보고, 업무의 어려운 점을 어떻게 대처할지에 대해 구체적으로 이야기하여 면접관에게 객실 승무원의 직무를 바르게 이해하고 있다는 것을 보여주도록 한다. 면접관은 이 질문을 통해, 지원자가 긍정적이고 능동적인 자세로 오랫동안 근무할 준비가 되어 있는 예비 객실승무원인지 들여다보고 싶어 한다.

⚫ Cabin crew's demerits [영어 답변 예시]

I would say one of the major difficulties can be a hiding their emotion or personal feeling while trying to deliver professional service. In my opinion, cabin crews' facial expression determines the quality of service in that airline and a sound mind and body makes sincere smile. Therefore, keeping heathly life style is very important such as doing excercising regularly, having inner peace via reading books, interacting good friends.

● Cabin crew's demerits [한국어 답변 예시]

　날씨 때문에 비행기가 연착된다거나 비행기의 결함 등으로 인해 제 의도와 다르게 승객들께 불편함을 드릴 수 있는 부분이 승무원 직무의 단점 중 하나인 것 같습니다. 기후 현상과 같이 어쩔 수 없는 상황임에도 불구하고 승객들의 불만 사항은 승무원들에게로 향하게 되는데요. 이에 저는 목적지에 도착하기 전까지 승객의 눈과 발이 되어 수시로 정확한 정보를 확인하고 공유해 드리며 승객들의 불편한 마음을 덜어드리려 노력할 것입니다. 또한 기다리시는 동안 조급한 마음을 가라앉혀 드리기 위해 마실 음료를 조속히 제공해 드리고 기내에 준비되어 있는 엔터테인먼트 시스템을 적극 활용하는 등 책임감을 갖고 어떠한 승객 불만사항에도 적극 대처할 것입니다.

I + Know-how = I know how

나 + 노하우 = 나는 방법을 알고 있다.

객실 승무원의 장점은 누구나 잘 알고 있을 것이다. 그렇기에 식상함을 벗어나기 위해 특이한 답변을 고민하는 경우가 많다. 특.이.한 답변보다는 내 이야기가 들어간 특.별.한 답변을 생각해 보도록 하자. 혹은 지원자의 업무적, 성격적 특성과 연결지을 수 있을 만한 객실 승무원의 구체적인 장점들을 살펴보도록 한다.

⦿ Cabin crew's merits [한국어 답변 예시]

승무원의 장점은 여러 나라 동료들과의 경험을 통해 국제적인 마음가짐을 자연스레 함양할 수 있는 점이라 생각합니다. 그 이유를 저의 사례로 설명드리자면 최근까지 제가 근무했었던 영어학원에서는 제가 들어올 당시만 해도 다국적 선생님들이 사소한 오해들로 갈등이 있었다고 합니다. 저는 이러한 오해들이 문화적 차이에서 오는 경우가 많다고 생각되어 매주 금요일 "문화의 밤"이라는 작은 이벤트를 제안했었는데요. 이 이벤트를 통해 저희는 서로의 문화를 이해하게 되었고 팀워크를 더욱 단단히 다지게 되는 성과를 얻게 되었습니다. 이러한 경험으로부터 저는 사람으로부터의 귀한 배움을 깨닫게 되었습니다. 이처럼 문화적으로 더욱 다양한 동료들과 고객을 만나뵐 수 있는 객실 승무원은 더욱 열린 마음으로 국제적인 마음가짐을 배우며 성장할 수 있는 큰 장점을 지니고 있다고 생각합니다.

Career experience [업무경력]

I + Know-how = I know how

나 + 노하우 = 나는 방법을 알고 있다.

객실 승무원의 직무와 연관지을 수 있는 업무경험은 큰 도움이 된다. 대개 시간제 업무(아르바이트)에 대해서 이야기하지 않는 지원자가 많은데, 객실 승무원 직무와 다른 서비스 업무라 할지라도 그 업무 경험으로부터 얻게 된 교훈(예: 안전의 중요성, 고객 대처법 등)에 대해 이야기한다면 그 또한 좋은 답변이 될 수 있다.

What is the most important qualification to be a cabin crew?

[승무원의 바람직한 자질]

I + Know-how = I know how

나 + 노하우 = 나는 방법을 알고 있다.

지원자가 자신 있게 내세울 본인의 자질과 연결시켜 승무원이 함양해야 할 자질을 생각해 보면 더욱 쉽게 답변에 접근할 수 있다.

⭕ What is the most important qualification to be a cabin crew? [한국어 답변 예시]

고객님께 먼저 다가설 수 있는 친밀하고 적극적인 태도가 승무원으로서 함양해야 할 자질이라고 생각합니다. 일례로 예전에 카페 업무 중, 손님이 제공된 다과를 마음에 들어하시는 것을 보고 제가 먼저 다가가 더 가져다드릴까 여쭈어본 적이 있습니다. 그 손님께서는 웃으시며 사양하셨지만 이를 계기로 그분과 짧은 시간 대화를 나눌 수 있었습니다. 비록 짧은 시간이었지만 저는 그 손님과 친밀한 유대감을 형성할 수 있었는데요. 이후, 우연히 음료를 제공하던 제가 그 손님의 옷에 음료를 쏟는 실수를 저지르게 되었습니다. 이러한 상황에서도 손님은 미소를 잃지 않으시며 오히려 실수한 저를 다독여주셨습니다. 이처럼 사소하지만 적극적이었던 서비스 자세가 부정적일 수도 있었던 상황을 부드럽게 변화시켰고 고객의 마음에 '이해'라는 공간을 내어준 것이 아닌가 싶습니다.

What is the most difficult thing of living abroad?

[해외 생활에서 힘들 것 같은 점]

I + Know-how = I know how

나 + 노하우 = 나는 방법을 알고 있다.

면접관은 필요에 의해 오랫동안 해외에 체류해야 하는 객실 승무원의 현실적인 업무부분을 지원자가 어떻게 적응하고 대처해 나갈 것인지 이 질문을 통해 알고자 한다.

◯ What is the most difficult thing of living abroad? [영어 답변 예시]

The first thing that comes to mind is homesickness. Feeling homesick is natural for everyone I think. I have also felt this in the past when traveling, and I have realized that the best way to deal with this is to learn something new to take up your time, like a hobby, or about the culture of the place you are traveling(living). Also it is helpful to share experiences with your family and friends, and make some new friends. These are the

secrets that help me to overcome the feeling of home sickness.

I + Know—how = I know how

나 + 노하우 = 나는 방법을 알고 있다.

개인적으로 내가 가장 좋아하는 질문이다. 지원자의 흥미로운 해외 경험 이야기 공유를 통해 존재감을 과시해 보자.

◯ Have you ever been abroad? [영어 답변 예시]

When I was in England, I traveled to Durdle Door which was very near the city where I was living. It was winter and rained unfortunately, but I saw that some people were swimming in the sea anyway. This was quite shocking to me as I have never seen anyone swimming outside in the winter. Of course I can swim in hot water in a swimming pool, but I can't swim outdoors in the winter. As soon as I returned home I told my host father about this. He wasn't surprised at all, and said it was a pretty normal thing, and some British people even go for a swim on Christmas. His logical explanation for this was that if it is cold or rainy then the water temperature is actually higher than we expect. So that is why British people enjoy swimming to make their bodies warm in the winter. Then he suggested we go swimming in the sea on the weekend.

So I went to the sea to swim with my host family. At first I was very afraid of entering the water and I hesitated to go in. But my host father just took me right in, and I yelled at the top of my lungs, but finally I was swimming in the sea in the cold weather. The starting time was difficult, but as time passed I couldn't feel the cold, and I began to enjoy swimming in the cold. From that time maybe I have developed some British blood in me that can stand the cold weather swimming.

Through this experience, I have learned when I see something new and different, it doesn't have to be a shock of culture, just with an open mind, it can just be a difference that you can learn.

Would you praise the candidate next to you?

[옆 지원자 칭찬하기]

I + Know-how = I know how

나 + 노하우 = 나는 방법을 알고 있다.

객실 승무원 업무는 팀워크를 매우 중요시한다. 당황하지 않고, 친근하게 옆 지원자를 간단히 소개하면 된다. 옆 지원자를 잘 소개할수록 지원자 본인이 더 빛난다는 것을 기억하자! 무대공포증이 있는 지원자에게 순발력이 필요한 이 질문은 매우 어려울 수 있다. 이에 한 가지 팁을 주자면, 그 누가 파트너가 되든 소개할 수 있는 공통된 칭찬을 넣어 미리 문장을 준비하자. 그 문장에 자연스레 파트너의 이름을 넣어 소개하고 그 파트너의 한 가지 특징만 덧붙여 말해주면 떨지 않는 자연스러운 모습을 뽐낼 수 있다.

● Would you praise the candidate next to you?

[한국어 답변 예시]

제 옆에 계신 ○○○지원자께서는 마주치기만 하여도 따뜻한 마음이 전달되는 눈을 가지고 계십니다. ○○○님과 한 팀이 되어 함께 업무할 감사한 기회가 온다면 때로는 업무로 지친 상황에서도 ○○○님의 응원이 담긴 따뜻한 눈빛을 통해 저를 포함한 다른 팀원들이 에너지를 재충전할 수 있을 거라 생각합니다.

Why should we hire you? [당신이 특별한 이유]

I + Know-how = I know how

나 + 노하우 = 나는 방법을 알고 있다.

나를 강력히 어필할 수 있는 기회의 질문이다. 다른 지원자와 비교했을 때, 나를 채용해야 하는 이유에 대해 이야기해 보자.

● Why should we hire you? [영어 답변 예시]

I would say that I am a brave explorer to have new experiences enjoying different environments, people and culture. As an example, I really enjoyed trying the street food when I lived in Shanghai, China. I ate things like fried chicken feet, while my friends wouldn't even look at it. In doing things like this, Shanghai inspired me a lot to see the wider world.

As you can see from my resume, my colorful experiences as a barista, waitress, and librarian, as well as my many trips, have all helped me to have a confident smile and to give polite and professional service. I also learned from living in Shanghai and observing Arabian hospitality while in Dubai.

This is why I am sure I can be a perfect addition to your team at ○○○ airline.

What did you do last night? Or this morning?
[어제 혹은 오늘 아침 무엇을 하셨나요?]

I + Know-how = I know how

나 + 노하우 = 나는 방법을 알고 있다.

보통 면접장에 들어서면 이 질문이 첫 질문일 경우가 많다. 욕심내어 답변을 길게 할 필요도 일부러 짧게 할 필요도 없다. 가능한 한 자연스러운 미소를 보이며 지원자가 무엇을 했는지 진솔하게 말하면 된다. 이 질문은 워밍업 질문으로서 내용에 특별한 문제가 없다면 면접관은 지원자의 태도나 미소, 목소리 톤, 이미지 체킹에 더 중점을 둔다.

The most memorable advertisement
[가장 기억에 남는 광고]

I + Know-how = I know how

나 + 노하우 = 나는 방법을 알고 있다.

최근 인상 깊게 본 책, 영화, 광고와 같은 질문은 지원자가 근래 관심 있어 하는 분야, 주제, 생각 등을 엿볼 수 있는 질문이다. 답변을 통해 본인의 소신을 자연스럽게 밝혀도 되고 면접관의 흥미를 유발할 수 있는 주제에 대해 이야기해도 좋다.

● The most memorable advertisement [한국어 답변 예시]

'바람을 쐬어야 사람도 힘이 난다'

시보를 알리는 이 짧은 광고는 일상에 지쳐 있던 저를 잠시나마 쉴 수 있게 해주었습니다. 마치 '힘들면 조금 쉬어. 바람을 쐐야 너도 힘이 나지.'라고 말하는 것 같아 마음이 안정되곤 하였습니다. ○○항공에 입사하게 된다면 고객뿐만 아니라 팀원들에게도 편안한 산들바람처럼 쉼을 줄 수 있는 그런 동료이자 직원이 되고 싶습니다.

141

간단한 인사

1. How are you?

2. Where did you learn your English?

3. Do you have any tattoo, scar or birthmark?

4. Have you ever applied for our company?

   (If so, at which stage did you fail? & why do you think you failed? &

   What did you improve?)

5. Is it your first interview?

6. What brought you here?

7. Where did you get your dress or shoes or scarf?

8. Why did you choose here for an interview?

   (the assessment in foreign countries)

9. Where are you staying? How did you come here?

   (the assessment in foreign countries)

10. What is your plan during your stay?

    (the assessment in foreign countries)

11. Can you recommend some great places to go?

    (the assessment in foreign countries)

12. Which airline did you use to come here? How was it?

    (the assessment in foreign countries)

자기소개 및 지원동기

1. Can you introduce yourself?

2. Why do you want to be a cabin crew?

3. Why it has to be our airline?

4. Can you tell me about our company(or base)?

5. Why do you think you are qualified for this position?

6. Why should we hire you?

7. How can you contribute to our company?

8. What is your strong point?

9. What is your weak point?

10. What makes you special?

11. How do you manage stress? Ⓝ

12. What is your biggest achievement in your life?

13. How does your friend describe you?

14. What is the most memorable moment in your life?

15. What is the most regretful(disappointing) moment in your life? Ⓝ

16. What did you do last weekend?

17. Why did you choose your major?

(Can you introduce your major?)

18. What is your hobby?

19. Do you cook?

업무 관련

1. Are you working currently?

   (What is your main duty?, Why did you quit your job?)

2. Why do you want to change your job?

3. Is there any difficulty while working there? ⓝ

4. When do you feel stress and how do you manage it? ⓝ

5. What do you think 'Customer service' is ?

해외 경험

1. Have you ever visited other countries?

2. Which nationality was the most difficult to handle? ⓝ

3. Have you experienced any cultural shock? ⓝ

◉ 기장/부기장 비행안내 방송

손님 여러분을 모시는 기장 ＿＿＿＿＿으로부터 안내 방송이 있었습니다. 저희 비행기는 이륙 준비를 완료하였으며 ＿＿＿(분) 후에 이륙하겠습니다.

본 비행기는 ○○까지 운항하는 ○○편입니다. ○○까지의 비행시간은 ＿＿＿시간 ＿＿＿분이며 도착 예정시간은 현지시각 (오전/오후) ＿＿시＿＿분으로 예정하고 있습니다. 도착지의 날씨는 (평온한/맑은/흐린/개인/구름 낀)며 기온은 (영상/영하)＿＿도가 되겠습니다.

○○과 ○○의 시차는 ＿＿＿시간으로 현재 ○○의 시각은 (오전/오후)＿＿시 ＿＿분입니다.

앞으로 비행경로상의 날씨는 양호할 것으로 예상되오나 예측하지 못한 기류 변화가 있을 수 있으니, 승객 여러분의 안전을 위해 앉아 계실 때에는 항상 좌석벨트를 착용해 주시기 바랍니다. 자세한 비행 안내는 기내 모니터를 참고하십시오. 감사합니다.

◯ 환영인사

승객 여러분 안녕하십니까?

_____기장님을 비롯하여 전 승무원 모두 손님 여러분의 탑승을 환영합니다. 특히 ◯◯◯팀 엘리트 및 엘리트 플러스 회원님의 탑승을 환영합니다. 저는 한국인 승무원 ◯◯◯이고, 오늘 기내에는 3명의 한국인 승무원이 탑승하고 있습니다.

아울러 오늘 기내에는 (프랑스어, 네덜란드어, 아랍어, 스페인어, 중국어) 등의 언어가 가능한 승무원이 함께 탑승하고 있음을 알려드립니다.

이 비행기는 ◯◯국제공항까지 가는 ◯◯◯팀 회원사인 ◯◯항공 ◯◯편입니다.

목적지까지의 비행시간은 이륙 후 _____시간 _____분으로 예정하고 있습니다.

잠시 후 기내 안전에 관한 안내 비디오를 상영하겠습니다. 좌석벨트 착용을 다시 한번 확인해 주시고, 좌석 등받이와 테이블을 제자리로 해주십시오. 기내에서는 송수신이 가능한 전자기기의 사용을 엄격히 금지하고 있으며 소지하신 전자기기나 휴대전화를 사용 중인 승객께서는 전원을 꺼주시기 바랍니다.

다시 한번 승객 여러분의 탑승을 환영하며, ◯◯항공과 함께 편안하고 즐거운 여행 되시기를 바랍니다. 감사합니다.

◉ 좌석벨트 표시등이 꺼진 후

승객 여러분, 좌석벨트 사인이 꺼졌습니다.

여러분의 안전을 위해 자리에 앉아 계실 때에는 항상 좌석벨트를 매주시기 바랍니다.

담요를 덮고 주무시는 손님께서는 비행기가 흔들릴 시 승무원들이 손님들의 숙면을 방해하지 않도록 담요 위로 좌석벨트를 매주십시오. 또한, 선반을 여실 때에는 이륙 중 이동한 짐이 떨어질 수 있으니 주의하시고, 화장실을 비롯한 기내에서의 흡연은 항공기의 안전을 위해 엄격히 금지되어 있습니다. 승객 여러분께 안전하고 쾌적한 여행이 될 수 있도록 협조해 주시면 감사하겠습니다.

기내식이 제공된 후 면세품 판매를 실시하겠습니다. 판매 품목에 관한 자세한 내용은 좌석 앞주머니 속의 기내지, ○○○을 참고하시기 바랍니다. 또한 저희 ○○항공의 마일리지 프로그램은 회원들을 위해 여행 누적거리에 따라 무료 티켓과 선물 등 다양한 혜택이 준비되어 있습니다. 신청을 원하시면 가까운 저희 승무원에게 문의해 주십시오.

다시 한번 편안한 여행이 되시길 바랍니다.

감사합니다.

⭕ 이륙 시 기내소등

비행기가 이륙하는 동안 기내등을 조절하겠습니다. 독서를 하시는 승객께서는 팔걸이에 있는 램프 버튼을 이용해 주시기 바랍니다.

감사합니다.

⭕ 난기류 발생 시

승객 여러분, 잠시 안내 말씀드리겠습니다.

기류 변화로 비행기가 (흔들리고 있습니다/ 흔들릴 것으로 예상됩니다).

여러분의 안전을 위해 신속하게 좌석으로 돌아가 좌석벨트를 착용해 주시기 바랍니다.

감사합니다.

⭕ 착륙 준비

손님 여러분, 잠시 후 본 비행기는 ○○국제공항에 도착하겠습니다.

다시 한번 좌석벨트 착용을 확인해 주시고, 사용하시던 테이블과 등받이를 원위치로 돌려주시기 바랍니다. 또한 비즈니스 승객께서는 사용하시던 발 받침과 개인용 비디오를 제자리로 해주십시오. 가

149

지고 계신 수화물은 머리 위 선반 속이나 앞 좌석 밑에 보관해 주시고, 모든 전자기기의 전원은 꺼주시거나 비행모드로 바꿔주시기 바랍니다. 비상사태에 대비, 항공기의 출입구나 비상통로를 가로막는 신문지나 담요가 혹시 없는지 다시 한번 확인해 주십시오.

감사합니다.

● GOOD-BYE 방송

손님 여러분, ○○국제공항에 도착하신 것을 환영합니다.

손님 여러분의 안전을 위해 항공기가 완전히 멈춘 후 좌석벨트 사인이 꺼질 때까지 좌석에서 잠시만 기다려주시기 바랍니다. 선반을 여실 때에는 비행 중 이동한 짐이 떨어질 수 있으니 주의하시고, 잊으신 물건이 없는지 다시 한번 살펴주십시오.

○○항공의 ○○○팀, 그리고 제휴사를 대신해 저희 항공사를 이용해 주신 승객 여러분께 감사드립니다. ○○이 최종 목적지인 승객께서는 즐거운 방문이 되시길 바라며, 다른 목적지로 가시는 손님께서는 계속해서 편안하고 즐거운 여정이 되시길 바랍니다.

감사합니다. 안녕히 가십시오.

◉ 안전수칙 데모

지금부터 이 비행기의 비상구 위치와 비상장비 사용법에 대해 안내해 드리겠습니다. 양쪽 통로에 위치한 승무원을 잠시 주목해 주시기 바랍니다.

안전벨트 착용법에 관한 안내입니다.

벨트는 버클을 끼워 매주시고, 보시는 바와 같이 조여주십시오. 풀 때는 덮개를 들어 올리시면 다음과 같이 풀리게 됩니다.

산소마스크 사용법을 보여드리겠습니다.

기내 압력이 급격히 떨어지면 모든 좌석 위로 산소마스크가 자동으로 떨어집니다. 마스크를 잡아당기면 자동으로 산소가 나옵니다. 마스크를 코와 입에 대시고 끈으로 머리에 고정하신 뒤, 평상시처럼 호흡하십시오. 어린이나 노약자를 동반한 승객께서는 본인의 마스크를 먼저 착용하신 후 동반 승객의 착용을 도와주시기 바랍니다.

다음은 구명복 착용 방법입니다.

착용하실 때는 머리 위에서부터 입으시고 등 뒤의 끈을 앞으로 당겨 연결하신 뒤 몸에 잘 맞도록 조절해 주십시오. 구명복에 바람을 넣으려면 붉은색 손잡이를 세게 잡아당기면 됩니다. 기억하실 것은 기내 안에서는 절대 잡아당기지 마시고, 비상탈출 직전에 부풀려 주시기 바랍니다. 구명복이 충분히 부풀지 않을 때는 어깨에 위치한

151

고무관을 힘껏 불어주시면 됩니다. 구명복은 물과 접촉함과 동시에 불이 켜지게 되며, 승객 여러분의 구명복은 좌석 밑에 배치되어 있습니다.

비상시 비행기의 전원이 꺼질 경우 통로에 유도등이 자동으로 켜집니다. 승무원들이 여러분들께 비상 유도등과 가장 가까운 비상구 위치를 안내해 드리고 있습니다.

끝으로 좌석 앞주머니 속에 비상 안내문이 구비되어 있으니 참고하시기 바랍니다.

이제 저희 항공기는 잠시 후 이륙하겠으니 다시 한번 좌석벨트 착용을 확인해 주시고 테이블과 좌석 등받이를 원위치로 돌려주시기 바랍니다. 감사합니다.

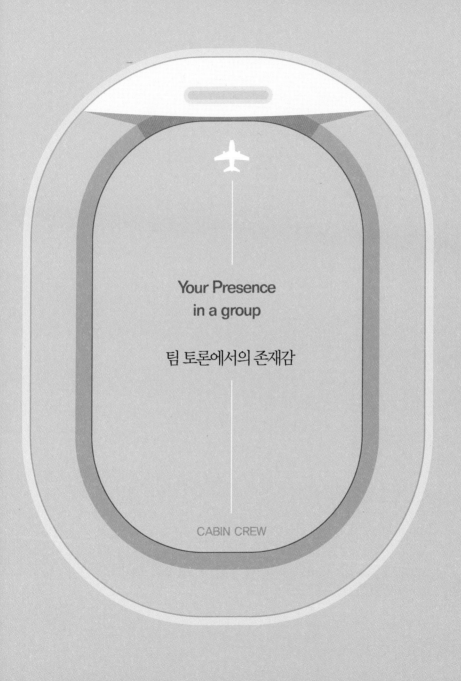

Your Presence
in a group

팀 토론에서의 존재감

CABIN CREW

Your Presence
in a group

팀 토론에서의 존재감

For the Brilliant Presence in a group

각 항공사의 그룹 토론 면접에 대한 기출문제 예시는 시중에서 쉽게 구할 수 있다. 그러나 토론 면접에서 합격할 수 있는 노하우를 알려주는 내용은 찾기 어렵다. 따라서 본서에서는 토론 면접에서 면접관이 심사하는 기준에 대해 일러주고자 한다. 그리고 이를 통해 합격할 수 있는 노하우에 대해 함께 이야기해 보도록 하겠다. 다음의 항공사 토론 면접의 예시를 살펴보며 이해를 도와보겠다.

> 예 시 여러분은 호텔 프런트 데스크에서 교대 근무 중이다. 여기서 다음과 같은 상황이 발생했다. 어느 고객부터 도움을 드릴지 그리고 무엇을 제공해 드릴지 토론하여라.(에티하드항공 기출)

1. 손님이 체크인을 위해 호텔에 입장했다.
2. 투숙객이 코피가 멈추지 않는다고 도움을 요청했다.
3. 복통을 호소하는 임산부 고객이 도움을 요청한다.
4. 옆 객실에서 연기가 난다고 프런트 데스크 내선으로 전화가 걸려왔다.

항공사 토론 면접의 대부분은 이와 같은 형식의 주제이다. 동시 다발적 상황이 발생하고 이를 해결하도록 하는 것인데 대부분의 지원자는 아래와 비슷하게 대답할 가능성이 높다.

"저는 호텔에 불이 날 가능성이 젤 위급할 수 있기 때문에 연기의 출처부터 확인하고 그리고 그 후 임산부를 돕겠습니다." 혹은 "임산부는 혹시 태어나게 될 아기의 생명과 연관이 있으니 119를 먼저 부른 후에 코피가 계속 멈추지 않는 고객에게 응급처치를 하고 연기 나는 객실을 확인하러 올라가겠습니다."

여러분은 이러한 대답들에 대해 어떻게 생각하는가? 썩 나쁘지 않다고 생각하는가? 그렇다면 다음과 같은 대답도 함께 생각해 보자.

"어떤 분 먼저 도움을 드릴지 고민하는 것도 중요하지만 어떤 동료가 동 시간대에 함께 근무하고 있는지, 그리고 도움을 나눌 수 있는 상황인지 파악하는 것이 중요하다고 생각합니다. 먼저 리셉션 부서에 다른 동료가 동 시간대에 근무하고 있다면 임산부와 코피가 멈추지 않는 고객을 위해 먼저 응급차를 호출해 달라고 하고 간단한 응급처치를 부탁드릴 것이며 하우스키핑 부서에 연락하여 연기 나는 해당 객실을 확인해 달라고 할 것입니다. 그리고 동시에 저는 체크인 업무를 차질 없이 진행할 것입니다."

마지막 의견은 어떠하였는가? 사실 토론 답변의 대처법에는 정답이 없다. 그러나 면접관의 관점에서 몇 가지 캐치할 수 있는 점은 분명히 있다. 위급 상황에서도 통찰력 있게 **다른 동료들과 의사소통**하며 상황을 해결하려고 했던 점, 그리고 동시에 다른 직무에 대한 기본 지식을 바탕으로 **호텔 조직의 규율을 깨뜨리지 않고 협업을 잘 이루어내려** 했다는 점을 마지막 지원자의 답변에서는 엿볼 수 있었다.

다시 말해 필자가 말하고 싶은 부분은 단순히 What to인 정답을 보여주려 하지 말자는 것이다. **무엇을 제공해 드릴지가 중요한 것이 아니라 어떻게 그 무엇을 제공해 드릴지의 How to가 더 중요하다는 것이다.**

How to 법칙은 비슷한 맥락에서도 적용된다. 바로 토론에 참여하는 방식에서다. 즉 의견을 내는 것에 집중하기보다는 팀원들과 의견을 조율하여 화합하는 과정(How to)의 모습을 보여주는 것이 더 중요하다는 이야기다. 이유는 무엇일까? 항공사는 혼자 일하기 힘든

곳이다. 고객이 항공기에 들어선 순간부터 항공기에서 나가는 마지막 순간까지 안전 점검부터 지상 서비스, 객실 서비스, 착륙 후 서비스 등 모든 팀원의 직무가 함께 맞물려 있다. 때문에 직원들끼리의 '의사소통 능력', '상호작용', '화합'은 매우 중요하다.

자, 여기에 면접관이 심사하는 모든 기준이 다 스며 있는 것이다.

따라서 이 토론 면접을 통해 면접관은 지원자가 문제의 상황을 얼마나 통찰력 있게 들여다볼 수 있는지, 또 팀원들과 어떤 방법으로 의사소통하고 상호작용하며 협업을 이루어내는지 보고 싶어 하는 것이다. 그러므로 그룹 토론의 결론이 꼭 훌륭하지 않아도 되고 독창적이지 않아도 된다. 다만, 결론을 이끌어낼 때 **팀 분위기를 부드럽게 만드는 지원자, 팀워크를 잊지 않는 지원자, 소외당하고 있는 지원자를 함께 끌어주는 지원자, 그리고 리더가 이미 존재한다면 리더의 지시에 좋은 팔로어일 수 있는 지원자**가 되어야 함을 잊지 않도록 하자.

국내 항공사 & 외국 항공사
토론 면접 기출문제

국내 항공 기출

- 일행이랑 자리가 떨어졌어요. 좌석 바꿔주세요!

- ○○신문 말고 □□신문 있나요?

- 제 선반인데 다른 사람 짐이 있어요. 제 짐은 어느 곳에 둬야 하죠?

- 왜 이렇게 지연되죠? 언제 출발하나요? 예정시간에 도착할 수 있나요?

- (이착륙 직전) 화장실이 너무 급한데 지금 화장실 갈 수 있나요?

- 비상구 좌석에 많이 앉아봐서 알아요. 설명 안 해주셔도 돼요!

- 탑승권 검사를 몇 번이나 하는 거예요? 귀찮네!

- 지금 기내 면세품 주문할게요. 이따가 다 팔릴 수도 있으니 먼저 가져다주세요!

159

- 저, 소지품을 게이트 앞에 두고 온 거 같은데 잠깐만 나갔다 와도 돼요?
- 저 안 취했어요. 술 좀 더 주세요!

카타르항공 기출

- 한국을 처음 방문하는 외국인 관광객에게 관광지 3곳 추천
- 애완동물에 대한 본인의 생각
- 15일 여름휴가를 떠난다. 휴가지 세 곳을 선정하고 이유를 말씀하시오.
- 초콜릿 서비스를 제공할 예정이다. 콘셉트와 모양, 포장, 이름, 맛, 서비스 멘트를 정하시오.
- 무인도에 떨어졌을 때 필요한 세 가지
- 제시된 단어로 이야기를 만들기

  [소셜 네트워크, 아이패드, 진상, 체력, 뉴스, 인공지능]
- 승무원 자질 토의 후 한 사람씩 발표하시오.
- 가족단위 승객에게 어떤 서비스를 제공할 것인지 말씀하시오.

- 8살 어린이 승객이 혼자 남아프리카로 여행을 가는데 기내에서 어떻게 돌보아 줄 것인지 토론하시오.

- 북한과의 관계에 대해 어떻게 생각하는지 토론하시오.

- 기내에 60명의 어린이 승객이 있다. 40개의 장난감밖에 없다면 어떻게 서비스를 제공할 것인지 토론하시오.

- 공공장소에서 담배를 피우는 것에 대해 어떻게 생각하는지 말씀하시오.

에미레이트항공 기출

Rental Shop [렌탈샵]

- Situation [상황]

There has been a system error that erased all the reservations and there are only remaining two cars. The 8 customers following are waiting for a car. Choose which two customers should get the remaining cars and how other customers should be taken care of in polite way.

[시스템 오류로 인해 모든 사전예약 접수가 취소되었고, 제공할 수 있는 차량은 단 2대뿐이다. 차량을 제공받을 고객을 둘 고르고, 나머지 고객들을 응대하시오.]

1. The Pregnant lady for a regular medical check up

   [정기 검진을 받는 임산부]

2. The Business man for an important conference

   [중요한 회의가 있는 회사원]

3. The family of five attending a wedding ceremony

   [결혼식에 참석해야 하는 5인 가족]

4. The Student taking his/her second semester final exam within an hour

   [1시간 내로 시험을 봐야 하는 학생]

5. The Tourist with 3 suit cases who is supposed to go to the countryside

   [교외로 가야 하는 3개의 캐리어를 가진 관광객]

6. The Employee who is awarded the employee of the month

   [이달의 최우수사원으로 선정된 사원]

7. The Celebrity going to nearby city

   [도시로 이동할 연예인]

8. The Regular customer who uses our rental shop for the same car every month

[매달 우리 가게를 찾는 단골 고객]

Furniture shop [가구샵]

● Situation [상황]

We are the staffs for the furniture shop and we only have two full sets of bed that we can sell. However, eight people want to buy the set of bed. Choose which two customers can be offered it and explain how to handle the rest of people.

[우리는 가구점의 직원이고 우리가 제공할 수 있는 침대 세트는 2대뿐이다. 그러나 8명의 사람들이 침대 세트를 사길 원한다. 침대 세트를 제공할 두 명의 고객을 선택하고 나머지 고객들을 어떻게 대처할 것인지 설명하라.]

1. The magazine editor who has written the articles of our furniture shop.

[매거진에 우리 가구점에 대해 글을 게재해 온 작가]

2. The manager of the furniture shop who wants to purchase it without any staff discounts.

[직원 할인가를 받지 않고 침대 세트를 구매하고자 하는 가구점 매니저]

면접 유형별 초저감 해설

3. The luxury brand hotel manager who is supposed to decorate the hotel with our furniture.

   [호텔 실내를 우리 샵의 가구들로 배치시키고자 하는 고급 호텔 매니저]

4. The honeymoon couple who wants to get compensation because the set of bed was damaged during delivery.

   [배송 중 제품 손상으로 침대 세트를 다시 보상받길 원하는 신혼부부]

5. The old couple who gets the voucher of the furniture shop from one of the family members.

   [가족으로부터 가구샵의 할인권을 제공받은 노부부]

6. The designer who would like to exhibit the set of bed at his coming exhibition.

   [그의 전시회에 우리 가구샵의 침대 세트를 전시하고자 하는 디자이너]

7. The student who has the exact amount of money for the set of bed.

   [침대 세트를 위해 정확한 액수의 돈을 소지한 학생]

8. The VIP customer who has been a loyal customer for 10 years.

   [10년 동안 가구점을 이용해 온 VIP손님]

Hotel situation [호텔 상황]

● Situation [상황]

We are the staffs for the hotel and we only have two available rooms. However, Six groups want to stay the hotel room. Choose which two groups can be offered the rooms and explain how to deal with the rest of people.

[우리는 호텔의 직원이다. 현재 제공드릴 수 있는 객실은 2개뿐이고 여섯 그룹이 호텔 객실을 제공받길 원한다. 객실은 제공받을 두 그룹은 선정하고 나머지 고객들을 어떻게 대처할 것인지 설명해라.]

1. A valued customer

   [VIP 고객]

2. A honeymoon couple

   [신혼부부]

3. The demanding customer who has complained of leakage in the rest room.

   [화장실 누수에 대해 불만사항을 제기해 온 고객]

4. The family who is supposed to get a regular medical check-up for an infant.

   [유아의 정기 검진을 위해 투숙 예정인 가족]

5. The party girl who is going to attend the fashion show in the hotel.

[호텔 패션쇼에 참가할 예정인 파티를 좋아하는 여성]

6. The general manager who is in charge of other chain hotels.

[다른 체인 호텔들을 담당하고 있는 총지배인]

Draw cards[카드 뽑기]

토론 면접 도중, 면접관들은 한 명씩 지원자를 호명하여 카드 뽑기를 진행한다. (혹은 조별로 진행하기도 함) 카드는 두 가지 종류인데 하나는 직업 카드이고 다른 하나는 사물 카드이다. 먼저 직업 카드를 뽑게 하여 그 직업에 대해 간단히 설명하고 직업에 필요한 자질에 대해 이야기하도록 한다. 마지막으로 사물 카드를 뽑게 하여 그 직업의 사람이 어떻게 이 사물을 창의적으로 사용할 수 있을지 발표한다.

먼저 직업 카드에는,

farmer(농부), astronaut(우주비행사), gardner(정원사), photographer(사진작가), florist(플로리스트), painter(화가), singer(가수), radio DJ(라디오 DJ), MC(방송 프로그램 진행자), actor(연기자), fire fighter(소방

관), computer programmer(컴퓨터 프로그래머) 등이 기출문제로 출제
되었다.

사물 카드에는,

high heel shoes(하이힐 구두), coffee beans(커피콩), tooth-
brush(칫솔), USB, earphones(이어폰), sofa(소파), spoon(스푼), car-
pet(카펫), speaker(스피커), lipstick(립스틱), chewing gum(풍선껌),
rose(장미꽃), orchid(난초), chocolate(초콜릿), cherry(체리), candy(사
탕), vacuum cleaner(청소기), sweater(스웨터), mirror(거울), boots(장
화), starfish(불가사리), hair comb(빗), white board(화이트보드),
clock(시계), car(자동차), scissor(가위), pencil case(필통), stamp(우표),
postcard(엽서), hair band(헤어밴드) 등이 기출문제로 출제되었으니
참고 바란다.

Let's take a break! [잠시 쉬어가요!]

● Let's Practice Cabin Crew sentences ●
객실 승무원이 쓰는 영어문장 배우기

KLM네덜란드항공 트레이닝 센터(참고)

◯ During Boarding [탑승 시]

[a] Welcome aboard Sir (or Madam).

[b] How are you, Sir (or Madam)?

[c] Your seat number is on the luggage bins over your head.

[d] Do you mind putting the back of your seat in the upright position?

[e] Would you mind moving to another seat?

[f] Sir, could you please help me put this in the luggage bin?

[g] I'm afraid all the window seats are occupied.

● Serving meals and beverages [기내 서비스 시]

a We'll be serving (dinner/lunch/breakfast) in just a few minutes.

b We'll be serving (coffee/tea) as soon as we've served (lunch/dinner/breakfast).

c Would you please fold down your tray table so that I can put your tray on it?

d I'll get some cutlery for you immediately.

e Would you please put the back of your seat forward a little, so the passenger behind you has more space to eat?

f Have you finished your meal? How was it? Shall I take your tray?

g I'm sorry, we've run out of OOO, may I offer you something else?

h Would you just move your cup please? (when the passenger starts to take your serving tray.)

◯ In flight: miscellaneous [다양한 기내 상황]

[a] I'm afraid I didn't get that. Would you please repeat what you said?

[b] I'll get to you promptly.

[c] Would you please talk more quietly so the other passengers are not disturbed?

[d] Would you please pull down the window shade?

[e] If there is anything I can do for you, please let me know.

[f] The lavatories are (at the front/over there/at the back).

[g] Excuse me Sir (Madam), this is a no smoking area. Please put out your cigarette.

170

○ In-flight entertainment system
[기내 엔터테인먼트 시스템 관련]

[a] If you don't mind, can you get up so I can see what is wrong with this seat?

[b] The system is down now, that's why the screens are blank.

[c] I apologize for this, it isn't working now. Let me see if I can find a seat for you where the system DOES work.

[d] Thank you for letting me know. I'll try to do something about it.

○ During disembarkation [하기 시]

[a] Thank you. Good-bye.

[b] Enjoy your stay.

[c] Thank you for flying with ○○○ Airlines.

[d] Could you please let these passengers disembark first? (when Economy Class passengers are blocking less agile passengers.)

[e] You need to collect your luggage first and then go through customs before checking in for the next flight.

● In case of illness [기내 응급환자 발생 시]

[a] How do you feel now?

[b] Can I get you anything?

[c] I'll check on you again in a few minutes.

[d] If you need anything, just use this call button.

[e] Did you request a wheelchair before the flight?

[f] Where does it hurt?

● When in doubt [불확실한 상황]

If you don't know the answer, or are not sure what to say, the following phrases allow you to say something, leave the passenger, and go find an answer.

[a] Let me check for you.

[b] I'll be right back.

[c] I'll see what I can do for you.

The Presence an
interviewer never forgets

면접관이 잊지 못할
파이널 면접에서의 존재감

CABIN CREW

cabin crew
죽기 전에
승무원
하고 싶다

The Presence an interviewer never forgets

 면접관이 잊지 못할 파이널 면접에서의 존재감

For the Brilliant Presence in the final interview

많은 학생들이 내 강의시간에 가장 많이 하는 질문이 있다. "교수님, 답변을 어떻게 준비해야 할지 모르겠어요. 노하우 좀 알려주세요."이다. 물론 각 면접 파트별로 학생들에게 답변 노하우를 공유하고는 있지만 그와 함께 늘 공통적으로 전하는 말이 있다.

바로 시중에 나와 있는 많은 면접 답변 예시문을 절~~대 따라하지 말라는 것이다. 그것은 절대 여러분의 답변이 될 수 없다. 물론 내 책에 있는 예시문도 포함하는 말이다. 이건 다른 사람들의 이야기이니 참고만 하고 본인의 면접 답변은 본인 안에서 찾아야 한다.

재차 강조하지만,

'I'가 'Knowhow'를 만나 'I know how.'가 되듯이 말이다.

[내가 노하우를 만나면 '내가 방법을 알고 있다.'가 된다.]

때문에 여러분이 이와 같은 메시지를 잊지 않았으면 하는 마음을 담아 본서의 모든 면접 답변 예시 위에 해당 메시지를 담아두었다.

한편 나는 앞서 '나다워질 수 있었던 순간'의 챕터에서 나의 에티하드항공과 KLM네덜란드항공의 면접 합격후기를 공유하며 내가 합격할 수 있었던 노하우에 대해 이야기한 바 있다. 나의 자질과 매력을 보여주려 하지 말고 면접관과 먼저 소통한다는 마음가짐으로 면접에 임해보라는 것이었다. 다시 말해 면접장에서 나왔을 때, '오늘 면접관과 잘 통했어. 우리 뭔가 친해졌었던 느낌이야.'라는 생각이 들었다면 그 면접에서 성공할 확률이 99.9%라고 했다. 이것이 바로 임원 면접(국내 항공사)과 파이널 압박면접(외항사)의 답변을 준비할 때 명심해야 할 포인트이다. 답변을 통해 **면접관의 마음을 열게 하는 지원자**, 더욱 이야기가 듣고 싶어지는 지원자, 마음이 통한다는 생각이 드는 지원자가 될 수 있도록 노력한다면 합격 결과는 당신을 두 팔 벌려 기다리고 있을 것이다.

그러므로 저자가 말하는 **99.9% 합격할 수 있는 답변**은,

첫째, 식상해서는 안 된다.

꼭 특별하게 답변을 준비하라는 의미가 아니다. 본연의 색이 묻어나는 진솔한 이야기를 통해 면접관의 마음을 열게 하라는 것이다.

둘째, 프레젠테이션 답변은 피해야 한다.

면접에서 당신은 홈쇼핑의 쇼 호스트가 아니다. 본인이 가진 장점에 대해 면접관을 설득시키는 것이 아니라 면접관과의 소통을 통해 나의 자질을 공감시키는 것이다. 그렇기에 필요하다면 면접관에게 되묻기도 하고, 내 답변 속에 면접관의 질문을 유도할 만한 포인트를 남겨두어도 좋다.(본서 '나다워질 수 있었던 순간'에 수록된 저자의 에티하드항공과 KLM네덜란드항공 면접 합격 수기를 참고하면 더욱 이해하기 쉬울 것이다.)

셋째, 답변 분량에 집중하기보다 내용에 집중하자.

물론 지나치게 길거나 짧은 답변은 좋지 않다. 그러나 내용에 따라 길어질 수도 있고 짧아질 수도 있기 때문에 내용이 좋고, 꼭 필요하다면 분량은 크게 관계없다. 내용에 진심이 없다면 통할 수 없고 면접관과 소통이 이루어졌다면 답변의 길이는 중요하지 않다. 마치 재미있는 명화를 감상할 때

시간을 재는 사람이 아무도 없듯이 말이다.(단, 모든 면접 답변을 구구절절 길게 준비하는 것은 삼가도록 한다.)

내가 승무원 면접 준비생일 때 면접 답변 기출문제들을 100여 개 모아 분석한 적이 있다. 그때 발견한 노하우 중 한 가지를 보너스(?)로 공유해 볼까 한다. 그때 당시 나는 희망하는 항공사의 기출문제 100여 개에 대한 답변을 전부 준비하지는 않았다. "취미가 무엇입니까?", "여가시간에 무엇을 하나요?", "건강관리는 어떻게 하나요?"와 같이 비슷한 맥락의 기출문제가 있다면 공통적으로 사용 가능한 답변 한 개만 만들어 면접 당일, 상황에 맞게 유연하게 가감하여 답변했다. 또 다른 비슷한 예로 일 경험 관련 질문 중, "Have you had a difficult customer?"와 "Have you had a demanding customer?"가 있다. 다시 말해 '힘들게 했던 고객'과 '요구가 많거나 쉽게 만족하지 않았던 고객'에 대한 질문은 각각 따로 준비하지 않았고 공통적으로 사용 가능한 답변을 만들어 사용한 것인데 이유는 이러했다.

보통 면접관들의 면접 질문은 개인 신상과 지원 동기 및 포부를 제외하고 일 경험, 승무원 직무에 대한 이해, 해외 경험으로 크게 분류할 수 있다. 이때 일 경험, 승무원 직무에 대한 이해, 해외 경험을 세부적으로 positive part와 negative part로 나눌 수 있다. 즉 위에서 언급했던 힘들게 했던 고객, 요구가 많았던 고객은 일 경험 중 negative part에 포함된다.(압박면접은 비율적으로 negative part가 많다.) 따라서 면접관은 일 경험에 대해 균형 있게 분석하기 위해서 negative part에서 1~2가지, positive part에서 1~2가지 묻게 되는데, 그럼 확률적으로 negative part에서 비슷한 질문을 두 번 물을 확률은 현저히 떨어지게 된다. 이에 따르면 비슷한 질문의 답변들을 전부 제각기 준비해야 할 필요성이 낮아지게 되는 것이다.

이와 같은 이유로 나는 준비생 시절, 모든 기출문제를 크게 개인 신상, 지원 동기 및 포부, 일 경험, 직무에 대한 이해, 해외 경험으로 분류한 후 다시 positive part와 negative part로 나누었다. 그리고 나서 위에 제시한 바와 같이, 비슷한 질문끼리 묶은 다음 공통 답변 한 가지만 준비했다. 그러나 이때 매우 유의해야 할 점이 있다. 비슷해 보이지만 다른 맥락의 질문이 있는데, 예컨대 "베스트 서비스를 제공한 적"이나 "엑스트라 서비스를 제공해 본 적"과 같은 경우이다. 이 질문은 비슷하게 들릴 수 있지만 매우 다르다. 베스트 서비스는 말 그대로 "잊지 못할 최고의 서비스"를 말하는 것이고 엑스트라 서비스는 '업무 이외의 서비스를 제공한 적'을 의미한다.

아마 이 부분을 읽으며 갑자기 두통을 호소하는 독자들이 많을 것이라 예상된다. 그런 분들을 위해 필자는 여타 분류할 필요 없이 핵심적인 30여 개의 기출 예시로만 본서를 구성해 보았다. 먼저 본서에 있는 핵심적인 기출문제에 대한 답변들을 집중적으로 준비한 후, 그 외 항공사의 특색에 따라 별도로 준비해야 하는 나머지 기출문제들에 대해 추가적으로 준비하면 된다.

이제 위의 제언을 토대로 다음에서 제시하는 국내 항공사의 임원 면접 기출문제와 외국 항공사의 압박면접 기출문제를 살펴보며 면접관의 숨은 의도를 함께 파악해 보자. 그리고 이를 통해 각 기출문제에 대한 답변 방향성을 구축한 후 식상하지 않고, 프레젠테이션식의 답변이 아닌 진솔한 본인의 이야기를 써 내려가기 바란다.

국내 항공사 임원 면접
기출문제와 면접관 의도 파악하기

○○항공이 다른 항공사와 견주어
어떠한 경쟁력을 가지고 있나요?

I + Know-how = I know how

나 + 노하우 = 나는 방법을 알고 있다.

타 항공사와 비교했을 때, 좋고 나쁨으로 말하기보단 서비스 콘셉트나 최근 항공사가 진행하는 프로모션에서 다른 점을 찾아낸다면 쉽게 답에 접근할 수 있다.

◉ ○○○항공사가 다른 항공사와 견주어 어떠한 경쟁력을 가지고 있나요? [한국어 답변 예시]

　　○○항공사의 경쟁력이 실속이라면 저희 ○○항공의 경쟁력은 신뢰입니다. 오랜 전통을 통한 숙련된 서비스로부터의 체계적인 대처능력으로 고객들로부터 신뢰를 얻을 수 있게 되었고 이러한 신뢰는 타 항공사와 차별화됩니다. 일전에 인도네시아에 재난이 발생해 승객들이 불안 속에서 발이 꽁꽁 묶이게 되는 상황이 발생했었는데요. 이때도 ○○항공은 고객과의 약속을 지키기 위해 실시간 상황을 체크한 후 신속하게 비행으로 승객들을 모셔왔던 것이 기억에 남아 있습니다.

I + Know-how = I know how

나 + 노하우 = 나는 방법을 알고 있다.

이 질문을 통해 면접관은 지원자의 순발력과 재치를 엿본다. 마치 객실 내에서 승객이 승무원에게 "오늘 기내에 업데이트된 영화 중 한 가지만 추천해 주세요."와 같이 말이다. 지원자가 즐겨 보는 프로그램과 그 이유에 대해 담백하게 이야기해 보자.

● 즐겨 보는 프로그램 [한국어 답변 예시]

저는 주로 다큐멘터리를 즐겨 보곤 합니다. 한 다큐멘터리에서 소형 슈퍼에 관한 내용을 다룬 적이 있습니다. 그 소형 슈퍼는 광고의 한 문구를 가게의 서비스 모토로 삼았다고 하였습니다. 그 문구는 바로 "겨우 3초의 주고받음이 있지만 벌써 3년을 함께했습니다."라는 것이었습니다. 저희 동네에도 조그마한 슈퍼가 있습니다. 슈퍼 아저씨께서는 항상 웃으시며 따뜻하고 후한 인심으로 저와 제 가족들을 반겨주십니다. 물론 대형 마트보다 다양한 종류의 물건을 구비하고 있지는 않더라도 이런 따뜻하고 진심 어린 서비스의 실현이 고객의 뇌리에 더 남는다고 생각합니다. 저 또한 ○○항공의 이런 진심 어린 서비스를 실현할 수 있는 승무원이 될 것이며 3년이 아닌 평생을 함께할 수 있는 항공사를 함께 만들고 싶습니다.

I + Know-how = I know how

나 + 노하우 = 나는 방법을 알고 있다.

항공사와 지원자가 함께 머리를 맞대볼 수 있는 시간이다. ○○항공사의 근무환경에 대해 지원자가 얼마나 알고 있는지, 또는 근무할 때 중요하게 생각하는 것이 무엇인지, 지원자의 생각을 엿볼 수 있다.

● 여자 승무원에게 어떠한 복지 정책이 필요할까요?
[한국어 답변 예시]

최근 '○○항공 엄마 승무원들, 경력단절 걱정 없이 회사 다녀요.'라는 제목의 기사를 보게 되었습니다. 새로운 정책을 만들기보단 현재 ○○항공이 제공하고 있는 육아휴직, 산전후휴가, 가족 돌봄 휴직 등과 같은 근로자에 대한 배려심이 묻어나는 정책이 더욱 활성화될 수 있도록 독려한다면 여자 승무원들이 안정적인 상황 속에서 직장생활을 이어나갈 수 있을 것이라고 생각합니다.

187

최근에 부모님을 기쁘게 해드린 일

I + Know-how = I know how

나 + 노하우 = 나는 방법을 알고 있다.

이런 질문을 던졌을 때 스스럼없이 가족이나 부모님을 기쁘게 해드린 경험을 공유할 수 있는 지원자는 바쁘고 일상적인 업무 내에서도 누군가에게 즐거움을 줄 수 있는 승무원의 덕목 중 하나를 함양했다고 생각할 수 있다. 사소하더라도 사랑하는 부모님을 기쁘게 해드린 경험을 떠올려보자.

● 최근 부모님을 기쁘게 해드린 일 [한국어 답변 예시]

"오늘은 내가 생일 담당 요리사"

(오늘은 내가 짜파○○ 요리사~ 리듬을 따라 하며)

며칠 전, 아버지 생신날 미역국과 잡채를 해드린 적이 있습니다. 비록 서툰 제 요리 실력에도 아버지께선 기특해 하시며 미역국과 잡채를 맛있게 드셔주었습니다. 이후 받는 기쁨보다 주는 기쁨이 배가 되는 것을 깨달은 저는 가족들의 생일 담당 요리사가 되었습니다.

최근 부모님께 죄송스러웠던 일

I + Know-how = I know how

나 + 노하우 = 나는 방법을 알고 있다.

지원자의 일상 속에서 부모님께 죄송스러웠던 일, 그리고 그것에 대해 내가 어떻게 느꼈고 행동했는지에 대해 담담히 이야기하면 좋을 것 같다. 또는 다른 방향으로 생각해 볼 수도 있다. 기내에서 서비스를 제공하는 승무원과 서비스를 제공받는 고객의 입장에서 생각해 보는 건 어떨까? 기내에서 승무원은 때론 의도치 않게 승객에게 불만족스러운 서비스를 제공해야 할 때가 있다. 이때 어떤 마음가짐으로 대하고, 대처할지 참조해가며 나의 사례를 떠올려보도록 한다.

취항지 중 가보고 싶은 나라

I + Know–how = I know how

나 + 노하우 = 나는 방법을 알고 있다.

먼저 지원한 항공사에 대해 기본적인 노선 정보를 파악하는 것이 중요하다. 그 후 지원자 본인이 가보고 싶었던 나라와 그 이유에 대해 간략히 이야기하면 된다. 혹은 전략적인 접근으로 최근 회사가 주력하고 있는 취항 노선들, 세계적으로 큰 이슈를 불러일으키고 있는 장소, 지원자 개인의 특별한 이야기가 묻어 있는 곳을 이야기해도 좋다.

승무원에게 용모란?

I + Know-how = I know how

나 + 노하우 = 나는 방법을 알고 있다.

회사에 근무하는 직원 한 명 한 명은 회사를 대표한다. 가장 흔한 예로 ○○전자 서비스센터에 방문하여 직원에게 불친절한 서비스를 제공받았다고 가정해 보자. ○○전자 서비스에 대해 고객은 불친절한 인상을 갖게 되고 회사는 이미지에 큰 타격을 입게 된다. 마찬가지로 객실 승무원의 서비스와 용모는 그 회사의 이미지를 대표한다. 특히 용모는 고객의 입장에서 서비스 제공자의 기본적인 서비스 마음가짐을 살펴볼 수 있는 가장 용이한 지표라는 점을 명심하자.

⬤ 승무원에게 용모란? [한국어 답변 예시]

승무원에게 용모란 승객을 대하기 전, 선택이 아닌 기본의 마음가짐이라고 생각합니다. 고객께 서비스를 제공하기 전 용모를 단정히 함으로써 정갈한 서비스의 마음가짐을 함께 준비한다고 생각하기 때문입니다.

미취항지 중 가보고 싶은 나라

I + Know-how = I know how

나 + 노하우 = 나는 방법을 알고 있다.

먼저 지원한 항공사에 대해 기본적인 노선 정보를 파악하는 것이 중요하다. 그 후 미취항지 중 지원자 본인이 가보고 싶었던 나라와 그 이유에 대해 간략히 이야기하면 된다. 혹은 전략적인 접근으로 향후 회사가 취항 계획 중인 곳, 세계적으로 큰 이슈를 불러일으키는 장소, 지원자 개인의 특별한 이야기가 묻어 있는 곳을 이야기하면 된다.

서비스 마인드란

I + Know-how = I know how

나 + 노하우 = 나는 방법을 알고 있다.

본인의 경험을 바탕으로 서비스 지표를 이야기하거나 인상 깊었던 서비스를 토대로 서비스 마음가짐에 대해 고민해 보도록 하자.

● 서비스 마인드란? [한국어 답변 예시]

제가 생각하는 서비스 마인드란 '주사위'라고 생각합니다. 영화 쿵푸팬더에 나오는 팬더 '포'처럼 저는 20살 때부터 부모님의 국수가게에서 서비스를 도와왔습니다. 국수를 엎지르는 실수를 자주 저질러 속상하기도 했지만 다양한 손님들과 소통하며 주사위와 같은 서비스 마인드를 몸소 배울 수 있어 행복하기도 했습니다. 주사위 서비스 마인드를 제 개인적으로는 손님들의 마음을 한 방면보다는 다방면으로 헤아릴 줄 알고 그때그때 놓인 상황에 맞게 능동적으로 대처해야 하는 것이라 정의하고 지금까지 저의 서비스 철학으로 삼고 있습니다.

학창시절 가장 후회되는 일

I + Know-how = I know how

나 + 노하우 = 나는 방법을 알고 있다.

약점과 비슷한 맥락의 질문이 될 수 있겠다. 본인이 면접관 앞에서 공유하기 어려운 이야기를 진솔하게 이야기한다면, 형식적인 답변들을 준비했던 지원자와 비교했을 때, 존재감을 빛낼 수 있다. 여기에서 형식적인 답변이란, '공부를 열심히 하지 않았다, 친구들과 많은 추억을 남기지 못했다.' 등이다. 같은 내용이라 할지라도 하나의 에피소드를 꼽아 구체적으로 준비하도록 하자.

면접장 분위기에 대해

I + Know-how = I know how

나 + 노하우 = 나는 방법을 알고 있다.

이 질문은 1차 면접에서 이미지를 체크할 때, 혹은 심층면접 전에 지원자의 긴장감을 풀어주기 위한 질문이 될 수 있겠다. 아름다운 미소를 지으며 너무 길지 않게 답변을 준비해 보자.

최근 가장 보람찼던 일

> ### I + Know-how = I know how
> 나 + 노하우 = 나는 방법을 알고 있다.
>
> 최근에 부모님을 기쁘게 해드렸던 일에 대한 필자의 조언을 바탕으로 비슷한 맥락에서 준비해 보도록 한다.

● 최근 가장 보람찼던 일 [한국어 답변 예시]

최근 가장 보람찼던 일에 대한 질문에 며칠 전, 제과점에 빵을 사러 갔을 때의 일이 생각납니다. 빵을 고르고 있는데 휠체어에 불편한 몸을 의지하신 분께서 문 앞에서 들어오지 못하고 쩔쩔 매는 모습을 보게 되었습니다. 이를 보고도 선뜻 나서는 이가 없기에 저는 얼른 달려가 문을 열어드리고 그분께서 빵을 다 고르실 때까지 휠체어를 밀어드리며 쟁반에 빵을 담을 수 있도록 도움을 드렸습니다. 그분께서는 정말 고마워하셨고 제과점의 주인아주머니께서도 그런 제가 기특하다며 빵을 몇 개 더 주셨던 기억이 최근 가장 보람찼던 일로 남아 있습니다.

I + Know-how = I know how

나 + 노하우 = 나는 방법을 알고 있다.

객실 승무원은 수시로 시차에 적응해야 하고 체력적으로 소모되는 업무를 주로 한다. 그렇기 때문에 승무원의 스트레스 해소법, 체력관리법, 건강한 취미활동 등이 긍정적인 마음가짐으로 직무를 수행하는 데 큰 도움을 준다. 면접관에게 건강한 마음가짐을 가지고 최상의 서비스를 선사하는 객실 승무원이 될 수 있음을 이 질문을 통해 어필해 보도록 한다.

◉ 여가시간엔 주로 뭐하나요? [한국어 답변 예시]

저는 여가시간에 주로 음악을 듣습니다. 음악을 들을 때, 가수가 음악을 만들었을 때의 느낌과 감정을 전달받을 수 있게 된다고 믿기에 이는 공감으로 이어집니다. 그렇기에 음악감상은 저에게 즐거움을 주기도 하고 때론 위로가 되어주기도 합니다. 음악을 통해 소통과 공감을 몸소 체험하며 저는 여가시간을 '마음 따뜻함'으로 채우곤 합니다.

준비하면서 가장 큰 힘이 된 사람

I + Know-how = I know how

나 + 노하우 = 나는 방법을 알고 있다.

준비하면서 가장 큰 힘이 되어준 사람은 향후 지원자가 업무적으로 지쳤을 때 또한 큰 힘이 되어줄 가능성이 높다. 누구에게나 안식처가 되어주는 사람이 있다는 것은 감사한 일이고, 면접관의 입장에서 지원자의 심리적 안녕을 북돋아주는 사람을 확인하는 것은 중요한 일이다.

I + Know-how = I know how

나 + 노하우 = 나는 방법을 알고 있다.

항공사마다 각 고객층에 맞는 특화된 서비스를 연구 및 개발하여 타 항공사와 차별점을 두고 이를 바탕으로 고객을 유치한다. 그렇기에, 지원한 항공사의 특화 서비스에 대해 충분히 인지하고 본인의 생각을 덧붙여 말하는 것은 매우 중요하다. 항공사의 정성이 묻어나는 특화 서비스를 자랑스럽게 이야기해 보자.

● 우리 회사 특화 서비스 [한국어 답변 예시]

○○펫츠와 플라잉 맘 서비스는 ○○항공의 서비스 중 저에게 가장 인상 깊은 서비스입니다. ○○펫츠 서비스는 기내에서 반려동물을 염려하는 승객의 걱정을 덜어주려는 ○○항공사의 배려가 느껴지는 서비스이고, 플라잉 맘 서비스는 혼자 여행하는 데 두려움을 느낄 어린이 승객과 그런 어린이 승객을 걱정하는 부모님의 마음을 헤아린 '마음 따뜻한 서비스'라고 생각합니다.

5년 뒤 나의 모습

I + Know-how = I know how

나 + 노하우 = 나는 방법을 알고 있다.

대개 목표를 설정하여 자기 성장을 꾀하는 지원자는 회사에 오랫동안 성실히 근무할 가능성이 높은 지원자로 인식된다. 이유는 끊임없이 개인 성장을 추구하는 사람은 업무에 있어서도 높은 사기를 보여주기 때문이다. 따라서 면접관에게 이 질문은 굉장히 중요한 질문이다. 회사 내의 업무나 동아리 활동에서의 나의 모습이어도 좋고, 지극히 개인적으로 배워보고 싶었던 자기계발에 관련된 내 모습에 대해 이야기해도 좋다. 5년 뒤에 달성하고자 하는 지원자의 모습을 미리 준비하여 면접관에게 진취적이고 계획성 있는 면모를 보여주는 건 어떨까?

기존에 없는 서비스 중 자신이 해보고 싶은 것

I + Know-how = I know how

나 + 노하우 = 나는 방법을 알고 있다.

본인이 고객의 입장에서 겪었던 고충에 주안점을 두고 생각해 보아도 좋고, 평소 꼭 받아보고 싶었던 서비스를 토대로 질문에 접근한다면 더욱 쉽게 질문의 요지에 접근할 수 있다.

I + Know–how = I know how

나 + 노하우 = 나는 방법을 알고 있다.

객실 승무원은 기내에서 제공하는 기내식, 서비스 이외에도 다국적 승객들에게 음식, 문화, 장소에 대해 소개해 드려야 할 상황이 생각보다 많이 생긴다. 항공사는 고객을 원하는 목적지까지 무사히 모시는 역할 이외에도 문화와 사람의 마음을 잇는 중요한 역할을 담당하기 때문이다. 그러므로 자국의 음식, 문화, 장소뿐 아니라 국적을 아우르는 정보를 제공할 수 있다면 객실 승무원으로서 금상첨화라 하겠다.

◉ 외국인에게 추천하는 한국 음식 [한국어 답변 예시]

저는 호떡을 추천하고 싶습니다. 자극적이지 않아 쉽게 접할 수 있고 동시에 외국인 손님에게 한국의 민족성을 느끼게 해줄 수 있을 것이라 생각했습니다. 처음 깨물었을 때의 바삭바삭함은 마치 단단히 단결된 한국인의 단결력을 보여주는 것 같고 호떡 안의 숨겨진

따뜻하고 달달한 맛은 따스함을 전하는 한국인의 '정'을 나타내는 것

같기 때문입니다.

여성 승무원이 남성 승무원보다 뛰어난 점

I + Know—how = I know how

나 + 노하우 = 나는 방법을 알고 있다.

여성 승무원의 장점에 대해 얘기하되, 남성 승무원을 비방하는 발언은 하지 않도록 주의한다.

◉ 여성 승무원이 남성 승무원보다 뛰어난 점 [한국어 답변 예시]

○○○ 다큐프라임에서 남녀의 차이를 밝히기 위한 실험 영상을 본 적이 있습니다. 남자아이와 여자아이를 두고 엄마가 아픈 연기를 하자 남자아이는 엄마의 웃음을 되찾으려 웃어 보이는 반면 여자아이는 공감하며 우는 것을 보았습니다. 이처럼, 여성 승무원은 상황에 대처하기 위한 감성적인 공감능력이 더 뛰어나다고 생각합니다. 그렇기에 남성 승무원이 가진 발 빠른 대처 능력과 여성 승무원이 가진 뛰어난 공감능력이 협업을 통하여 조화롭게 이루어진다면 최상의 서비스를 이끌어낼 수 있을 것이라 생각합니다.

베스트 서비스를 제공한 경험

I + Know-how = I know how

나 + 노하우 = 나는 방법을 알고 있다.

개인적으로는 준비생 시절, 가장 많이 생각하고 고민했던 답변이었다. 단순히 좋았던 서비스가 아니라 정말 지금까지 이런 서비스를 내가 누군가에게 받아볼 수 있을까, 혹은 내가 재차 제공해 볼 기회가 있을까 할 정도의 답변 예시로 준비해야 한다고 생각한다. 면접관에게, '그 정도의 서비스가 베스트 서비스라고 생각되진 않는데 어떠신가요?'라는 반문을 받지 않을 각오로 준비해 보자.

본인에게 점수를 준다면

I + Know-how = I know how

나 + 노하우 = 나는 방법을 알고 있다.

본인을 평가하는 건 가장 어려운 일이다. 본인의 자질, 태도, 마음가짐 등을 다시 한번 되돌아보며, 구체적으로 점수를 매겨보는 건 어떨까?

⬤ 본인에게 점수를 준다면 [한국어 답변 예시]

제가 제 자신에게 점수를 준다면 5점 만점에 4점을 주고 싶습니다. 누구와도 잘 어울리고 조화를 이룰 수 있는 저의 성격에 1점, 다양한 시간제업무 경험으로 다져진 숙련된 내적 서비스 마음가짐에 1점, 사람들이 편안하게 도움을 요청할 수 있도록 겸손한 자세로 눈높이를 맞추려 하는 제 마음의 눈에 1점, 그리고 지금까지 포기하지 않고 끈기와 인내를 가지고 달려온 저에게 위로의 점수 1점, 이렇게 4점을 주고 싶습니다. 남은 1점은 ○○항공에 입사해 ○○항공을 대표하는 승무원이 되어 5점 만점을 만들어 나갈 것입니다.

제가 모르는 걸 알려주세요
(신조어, 신세대문화, 장소 등)

I + Know-how = I know how

나 + 노하우 = 나는 방법을 알고 있다.

최근 항공사는 인적 서비스에 굉장히 주목하고 있다. 이에 따라 면접관은 승무원 채용에 있어 재치, 순발력, 특기에 초점을 두거나 다양한 고객층과 소통할 수 있는 지원자인지 주의 깊게 살핀다. 즉, 지원자의 개성과 매력을 뽐낼 수 있거나 트렌드를 앞서가는 지원자로 인상을 줄 수 있을 만한 답변을 고민해 보도록 하자.

I + Know–how = I know how

나 + 노하우 = 나는 방법을 알고 있다.

어떠한 강점을 가진 승무원이 되고 싶은지 묻는 문제이다. 별명을 통해 본인이 가진 재주를 뽐내보아도 좋고, 재치 있는 답변으로 면접관을 미소 짓게 해보아도 좋다.

● 승무원이 된다면 갖고 싶은 별명 [한국어 답변 예시]

'에어백'이라는 별명을 갖고 싶습니다. '투철한 사명감과 책임감을 바탕으로 승객의 안전을 책임질 수 있는 승무원'이 되고 싶기 때문입니다. 그렇기에 존재만으로도 불안감이 해소되고 안전에 대한 단단한 믿음을 줄 수 있는 '에어백'이라는 별명을 선택하게 되었습니다.

I + Know-how = I know how

나 + 노하우 = 나는 방법을 알고 있다.

단순하게 질문의 의도를 해석하여 답할 수 있지만, 전략적인 차원에서는 지원자의 다른 면모의 장점을 확인하는 질문이 될 수 있겠다. 꼭 서비스 분야와 관련된 직업이 아니어도 좋다. 그 이외에 지원자가 가진 색다른 장점을 발굴할 만한 답변이면 좋을 듯하다.

○ 비행기와 승무원이 없다면 어떤 직업을 갖고 싶나요?

[한국어 답변 예시]

이미지메이킹 강사가 가장 먼저 떠오르는데요. 저는 대학시절 홍보대사 활동을 하며 다른 학교에 저희 과를 학우들과 함께 소개하는 역할을 해왔습니다. 이때 학과 홍보에 앞서, 저는 팀원들이 더욱 빛날 수 있도록 메이크업, 헤어, 옷스타일, 미소짓는 법에 대해 제 노하우를 공유해 주었는데요. 이렇게 팀원들에게 도움 주는 과정을 통해 누군가의 장점을 잘 살려 발굴할 줄 아는 저의 재능을 알게 되었고, 이러한 재능을 나눔으로써 오는 기쁨을 깨닫게 되었습니다.

죽기 전에

승무원 하고 싶다

왜 떨어진 것 같나요?
(지원 경력이 있다면)

I + Know-how = I know how

나 + 노하우 = 나는 방법을 알고 있다.

예전 탈락했던 경험이 있다면, 자신이 부족했던 점이 무엇이었는지 그리고 그것을 보완하기 위해 어떠한 노력을 해왔는지 구체적으로 말하도록 한다.

외국 항공사 파이널 면접
기출문제와 면접관 의도 파악하기

Have you ever been here before?
[(외국 항공사 본사가 위치한) 장소 방문 경험]

I + Know-how = I know how
나 + 노하우 = 나는 방법을 알고 있다.

면접장소 방문 경험 유무를 묻는 질문이다. 경험이 있었다면, '예' 식의 단답형보단, 인상 깊었던 부분을 덧붙여 말하는 것이 좋다. 반대로 방문 경험이 없다면, 오기 전에 접했던 정보에 대해 공유하거나 해보고 싶었던 것 등을 간략히 이야기해도 좋다.

Best Service experience [베스트 서비스 경험]

I + Know-how = I know how
나 + 노하우 = 나는 방법을 알고 있다.

면접관이 가장 자주 묻는 질문 중 하나이다. 형식적인 서비스가 아닌 마음에 와 닿았던 사례를 바탕으로 답변을 만들어보자. 국내 항공사 임원 면접에서 '베스트 서비스를 제공한 적'이 있는 필자의 조언을 토대로 작성해 보는 것도 도움이 될 것이다.

● Best Service experience [영어 답변 예시]

When I worked at the Italian restaurant, I had my own tiny diary to keep in mind some things about our regular customers such as anniversary dates, or food allergies. One day I received a reservation from one of our regular customers. Before they arrived I realized it was their wedding anniversary from checking my diary. So I immediately shared this information with my

213

colleagues, and everyone prepared a surprise for the couple to make their dinner more special.

For example, I reserved the best table next to the window so they could enjoy the night view, and prepared a small bunch of flowers with a bottle of champagne for them. We also put some romantic songs on the sound system after informing the other customers. The kitchen staffs made a special dish and cake decorated with some heart shaped chocolate and the couple's names on it. When we served the cake, all of the staffs came to their table and sang a congratulations song while wearing some small party hats. They were very surprised at the unexpected event and told us it was their best anniversary ever. After that, they became even more loyal customers.

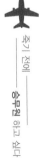

Demanding customer [요구가 많았던 고객]

I + Know—how = I know how

나 + 노하우 = 나는 방법을 알고 있다.

진상 고객 손님이나 화난 손님에 대한 문답일 경우에는 꼭 드라마처럼 해피엔딩으로 끝나지 않아도 좋다. 단, 본인이 상황에 대처하기 위해 어떠한 노력을 했는지 구체적으로 이야기하도록 한다. 중요한 것은 '무엇을 해드렸는가'가 아니라 '어떻게 대처해 드렸는가'이다.

⬤ Demanding customer [영어 답변 예시]

The coffee shop where I worked gave a stamp card to customers so when a customer collected 10 stamps, then they could get a free drink. One day, a customer who had collected all stamps asked me to give her cash instead of a free drink. This was not allowed according to our company policy, but the customer kept insisting what she wanted.

So I said to her "If you don't mind, could you please wait while I ask my manager? While another staff member came to handle the other waiting customers, I brought the woman a mint tea and said "Excuse me ma'am, This is a mint tea for you. It is healthy and also good for relaxing." And I began to talk with her, "I know you are a regular customer and we really appreciate your business. But I am afraid I can't change your coupon for cash." But she cut me off in the middle of what I was saying and said "I don't want to hear anything about it."

I thought she might need a few minutes to calm down so I told her "If you don't mind, let me check again what I might be able to do for you. Could you please wait a few more minutes?" Then about 10 minutes later, I came out to her table again to talk because it seemed her anger had cooled a little bit.

"Thank you for waiting. I did my best to help you out and I have another option for you. Next week we have a coffee class for our special customers and if you can attend this class I make sure you will learn how to make your favorite coffee. Also, I will put your name on the priority list if you want. Please consider it."

Then the customer said, "That sounds interesting. I would like to attend the class." On the day of the class, she came and I made sure that she got some extra special attention. Fortunately, She liked our coffee class. She has remained a loyal customer until now.

How did you study English?

[영어공부 어떻게 했나요?]

I + Know-how = I know how

나 + 노하우 = 나는 방법을 알고 있다.

　　다국적 고객들을 서비스해야 하는 객실 승무원에게 영어는 필수가 아닌 기본적인 부분으로 자리 잡고 있다. 그렇기에 이 질문은 중요하다. 객실 승무원의 기본적인 자격요건인 어학 실력을 갖추기 위해 어떤 노력을 했는지 구체적으로 답하도록 하자.

Have you ever had any conflict with a coworker?

[동료와 갈등 있었던 적]

I + Know-how = I know how

나 + 노하우 = 나는 방법을 알고 있다.

면접관은 질문에서 부정적인 상황을 이끌어내어 실제 업무 현장에서 지원자가 어떻게 대처할지 가늠해 볼 수 있다. 팀과 업무를 함께 수행해야 하는 승무원에게 동료와 갈등이 있을 때, 현명하게 대처하는 능력은 매우 중요하다. 여기에서 키포인트는 다음과 같다. 상황을 설명하는 데 면접 답변시간을 허비하지 말고 어떠한 방식과 대화를 통해 상황을 풀어나갔는지를 중점적이고 구체적으로 준비하기 바란다.

⬤ Have you ever had any conflict with a coworker?

[영어 답변 예시]

When I worked at the coffee shop, my colleague and I often had some conflict due to our different working styles. I am a more detail oriented person who likes organizing all the ingredients by type and expiration date. However my coworker was not like that. For example, sometimes she didn't check the expiration date before using an ingredient. It made the situation she opened the new ingredient before finishing the old one. So I had tried to talk to her so that I can prevent her from wasting the ingredient but there was no change in her behavior.

At the first time, I felt bad because I thought she didn't listen to me.

However, as time went by, I could understand thinking like this. 'She is the just different type of person when it comes to working. So she might miss to check expiration date.'

After the careful consideration, I made the big labels written expiration date and pasted on every single ingredient so that she could see expiration date easily even though she forgot looking at expiration date.

When she found out what I did, she got surprised and she told me like this. "What you did makes me look back my negligence and feel so sorry. I will try to be careful whenever I use ingredient and I am sure your all labels will be very helpful."

Like this my experience, if I get the situation with my colleague, mostly I try to understand our difference and then make an effort to fix the situations.

I + Know—how = I know how

나 + 노하우 = 나는 방법을 알고 있다.

앞에서 여러 차례 언급했듯, 객실 승무원에게 팀과 조화롭게 협업하는 마음가짐은 필수 불가결한 자격요건이다. 따라서 이 질문에 대한 답에 현명하게 접근해야 할 필요가 있겠다. 최상의 팀 서비스를 만들어낸 결과를 이야기하는 것도 중요하지만 내가 동료에게 어떤 방식으로 도움을 요청했고, 어떻게 분담하여 서비스를 제공하였는지 조목조목 설명하도록 하자.

Have you ever said to a customer "No!"?

[고객의 요구를 거절한 적]

I + Know-how = I know how

나 + 노하우 = 나는 방법을 알고 있다.

간혹, 서비스 현장에서는 고객의 제안, 부탁, 요구 등을 받아들일 수 없는 상황이 발생한다. 고객의 요구를 거절했던 상황에 대해 면접관이 지원자를 나쁘게 평가하면 어쩌나 하는 마음에 주제 선정을 망설이는 지원자가 많다. 면접관은 그 누구보다 고객의 요구에 거절해야 하는 상황에 대해 이해하고 있는 사람 중 한 명이다. 따라서 여기에서 중요한 것은 어떠한 절차에 따라 침착하고 유연하게 상황을 대처하였는가이다.

⬤ Have you ever said to a customer "No!"? [영어 답변 예시]

While working in a casino as a waitress, I had an experience saying NO to the drunken customer. He kept repeatedly ordering alcoholic drinks. As a staff, we had to control the customer's

223

drinking and check their condition. To adjust his drinks, I extended the time interval of serving alcohol and suggested some juice or water to him.

Suddenly he yelled at me and said "just give me the drink! I am fine!" Everyone knew he was not fine except himself.

At that time I had to say "No!" very assertively and I told him that I couldn't offer him any more drinks due to his condition and also for his safety and others.

I added "Especially, this area is not ventilated very well so alcohol may badly affect your body condition." After I told him this, he didn't ask me for any more alcohol, but still didn't look happy. However, I handled the situation politely and assertively for him, the majority of people's safety and comfort in the casino.

Have you ever dealt with an angry customer?

[화난 고객 대처해 본 적]

I + Know-how = I know how

나 + 노하우 = 나는 방법을 알고 있다.

제공한 서비스에 대해 고객이 불만족하는 상황은 서비스 제공자에게 종종 발생한다. 이 질문에서는 어떤 보상을 해줄지가 핵심 포인트가 아니다. 화난 고객에게 진심으로 사과하고 고객의 입장에서 경청하며, 다른 대안을 제시하는 절차에 중점을 두어 준비해야 한다.

Have you gotten any bad feedback from your boss or colleagues?
[동료나 상사로부터 충고 들은 적 있나요?]

I + Know-how = I know how
나 + 노하우 = 나는 방법을 알고 있다.

답변을 통해, 나의 실수나 허점이 드러나지 않을까 걱정하는 지원자가 많다. 그래서 솔직하지 못한 예시를 공유하곤 한다. 그러나 업무 현장에서 본인의 부족했던 부분을 분명히 밝히는 것은 매우 중요하다. 또, 상사나 동료로부터 받은 조언에 대해 내가 어떠한 자세로 받아들였고, 부족한 부분을 향상시키기 위해 어떤 노력을 했는지 이야기한다면, 오히려 면접관에게는 열린 마음으로 부족한 점을 수용할 수 있고 향상시킬 수 있는 지원자로 긍정적인 평가를 받을 수 있다.

⭕ Have you gotten any bad feedback from your boss or colleagues? [영어 답변 예시]

Working as a teacher for the first time, I did get some negative feedback from my boss. Because I really didn't have any experience dealing with children before, I wasn't sure how to handle them. So, I actually treated them strictly like adults, and just focusing on teaching English. As the result, the students were a little bit afraid of me and they told the boss, "OOO teacher scares us."

After my boss heard this, he called me and said "I know you have been doing your best and I agree with you that teaching English is important. However, your students are too young to accept English. So what about changing how to teach and treat them?"

When I heard this feedback from the boss, I understood the problem, but I wasn't sure exactly how to change. So, I asked another teacher working there who have a child. Because I thought if I am not sure about something, the best way to learn is to ask the more experienced coworker.

I begged her for the advice. She said, "First, you'd better speak with a higher tone in your voice, not a low tone. (similar to speaking with your puppy.) And you should often compliment them, even if it is a small thing. Also, being overacting can be helpful (like 'Oh my god, sweetie, good job! Very nice! You are the best!).

In addition, you let them understand how important learning English is.

After that, I tried to change my attitude towards the students. For example, I tried to show sweet reaction to them and when the students did well, I gave them some sweets, such as chocolate or candies. Furthermore, I took a few lessons about children's psychology to understand them better.

All these my efforts worked very well. Eventually I could attract their attention effectively in the class. I could even be one of their favorite teachers.

Have you ever offered a customer any extra service?

[업무 이외의 서비스를 제공한 적]

I + Know-how = I know how

나 + 노하우 = 나는 방법을 알고 있다.

엑스트라 서비스와 베스트 서비스를 구별하지 못하는 지원자가 많다. 엑스트라 서비스는 업무 이외에 내가 고객에게 도움을 주었거나 서비스해 드린 것이고, 베스트 서비스는 업무 내에서 최고의 서비스를 제공해 드린 것이니 혼동하지 않기 바란다.

Cultural shock experience
[문화충격 경험]

I + Know-how = I know how

나 + 노하우 = 나는 방법을 알고 있다.

문화적으로 달라 인상적이었거나 혹은 적응하기 힘들었던 사례를 들고, 어떻게 적응했는지 혹은 어떠한 마음가짐으로 문화의 다양성에 대해 받아들이게 되었는지 이야기해 본다.

○ Cultural shock experience [영어 답변 예시]

When I took a trip with my friends to a traditional Chinese village, I experienced some cultural shock because the toilet was designed in the traditional style. It was totally open so there was no privacy at all and people could see each other from inside. My friends and I were so embarrassed that we couldn't use the toilet there.

After the trip, I asked my Chinese teacher how the toilets in the traditional villages are like that. The teacher told me about the historical reasons. The toilet had the more social part in the past, and that's why it was designed so openly like that.

After I heard of it, the cultural shock in my mind was changed into the just cultutal difference. I think once you know the reason about phenomenon or situation, you can reach the sympathy and it makes you respect it. Through this experience, I could learn how to understand cultural diversity better.

Have you suggested any creative
ideas to your company?
[어려운 상황에서 창의적인 의견을 제시해 해결한 적]

I + Know—how = I know how

나 + 노하우 = 나는 방법을 알고 있다.

기내라는 제한된 공간 내에서 예기치 못한 상황에 늘 대비해야 하는 객실 승무원은 어떠한 상황에도 유연하고 능동적으로 대처해야 한다. 따라서 이 질문은 이와 관련된 답변으로서 면접관은 승무원의 자질 중 하나인 순발력과 독창적인 사고를 들여다보고자 한다.

⚫ Have you suggested any creative ideas to your company? [영어 답변 예시]

The restaurant I worked at relocated to another building. Although we attached a map on the door of the pervious restaurant location, many customers still called us to ask for the new location and that disturbed us at work especially during the busy time because we had to answer the phone so often.

Also, some people were sometimes late from 30 minutes to an hour for their reservations because they couldn't find the new location. Because of waiting for late customers for a reservation we had to turn some other customers away.

So, during a staff meeting, I mentioned this problem that many people seemed to be confused finding our current location. And then I proposed my idea. "What about attaching some foot-print papers to lead from our preious location to this new one? This can serve as an easy guide for some people. I did the same thing in high school, and it was very easy and also effective." The boss said it sounded like an interesting idea and we could do that.

The next day I drew the footprints on some colored paper and some of my colleagues cut them out and then others attached them to the sidewalk leading to our new location. After that, the number of customer calls decreased significantly and some of them even commented, "I really like your idea. Can I have one? It is really cute and I want to give one to my kids."

This is my experience that I suggested the creative idea at work.

Have you ever given advice to your boss or coworkers on how they can improve?

[상사나 동료에게 개선점에 대해 충고해 본 적]

I + Know-how = I know how

나 + 노하우 = 나는 방법을 알고 있다.

더 나은 업무환경을 위해 때로는 상사나 동료의 잘못된 부분에 대해 제언하거나 충고해야 할 상황이 발생하기도 한다. 이때 상대에게 조언하는 방법(적절한 어휘 선택, 말투, 표정 등)이 중요하다. '실질적으로 상대에게 말하듯 해보아라.'라고 요구하는 면접관이 많으니 이를 염두에 두고 준비하도록 하자.

Have you ever broken procedure?
[회사 룰 어긴 적]

I + Know-how = I know how
나 + 노하우 = 나는 방법을 알고 있다.

회사의 규칙을 따르는 것은 매우 중요하다. 하지만 때로는 사내 규정을 위반할 수밖에 없는 상황이 발생하기도 한다. 면접관은 규정을 어겼던 상황에 주목하지 않는다. 규정을 어길 수밖에 없었던 타당한 이유와 대응 절차에 주목한다는 것을 잊지 않도록 하자.

⭕ Have you ever broken procedure? [영어 답변 예시]

When I worked as a librarian, one customer came in with an infant and asked whether they could use the library or not. However, according to the library policy, infants were not allowed to enter because they may disturb the other people in the library.

235

When I told her about this policy, she said, "Alright, then can you watch my baby for me while I use the library?" unfortunately this was also not allowed because of the safety risk. So I told the woman this, but she complained "She is sleeping now, so she won't make any noise or disturb the other people." I could understand her feeling and her situation, but it was difficult for me because of our library policy.

After thinking about it for a while, I called a manager and shared the situation. Eventually, I got the permission from him and I could say "Yes!" I also added this, "I will allow you to enter the library with your baby just this time. However, one of our staffs will assist you in case anything happens. Is that okay with you ma'am?" She accepted the conditions, and luckily her baby didn't wake up the whole time that her mother was in the library.

After that to prevent the similar situation, I checked the location of the day care center for a baby near here in advance. Through this experience I could handle the similar situation without any difficulty.

Tell me about a time you had to
meet a tight deadline.

[마감이 임박했을 때, 기일에 맞추기 위해 일해 본 적]

I + Know-how = I know how

나 + 노하우 = 나는 방법을 알고 있다.

이 질문에 답하기 전에 왜 면접관이 이 질문을 던졌는지 생각해 보아야
한다. 객실 승무원은 비행 시간이라는 제한된 시간 내에서 신속하고 정확
하게 업무를 수행해야 한다. 고로, 이 질문을 통해 면접관은 지원자가 어
떤 방식으로 시간 강박을 극복하고 대처하는지 알고자 한다.

○ Tell me about a time you had to meet a tight deadline.
  [영어 답변 예시]

When I worked at a bakery shop, my boss pushed every
staff members to sell 20 cakes per day for the 3 days before
the Christmas day because those cakes were specially decorated for
Christmas.

237

Actually I felt pressure because of the deadline. On the first day, my colleagues and I decided to sell cakes on the street corner. However, no one seemed to be interested in our cakes at all so we couldn't sell any cakes on the first day.

That night, I was thinking how to attract people's attention more and then an idea came to my mind. That was uploading this news on SNS with a funny photo. I called my colleagues at once to take a photo that night and we dressed like Santa Claus and Rudolph with a comical pose. With the photos, we wrote the comments that "you can see us tomorrow at 6PM on Gangnam street."

Starting the next day, people who had seen our photo on SNS stopped by to buy cakes. Although some people were laughing at us, we successfully drew their attention and sold all the cakes we had to sell before the Christmas day.

After that, I realized that if I meet the deadline, I don't have to get stress because I believe that I can overcome it with creative and proactive attitude.

I + Know-how = I know how

나 + 노하우 = 나는 방법을 알고 있다.

기내에서는 여러 가지 상황들이 동시다발적으로 일어난다. 승무원으로서 이러한 상황 속에서 동료들과 조화롭게 업무를 배분하여 능동적으로 대처하고, 심리적 압박을 침착하고 지혜롭게 극복하는 것은 매우 중요하다. 실질적으로 ○○항공사에서는 이런 상황을 상황극(롤플레이)으로 만들어 지원자의 자질을 평가하기도 한다. 한꺼번에 많은 업무를 팀워크를 활용하여 훌륭히 소화해 냈어도 좋고, 창의적인 방법을 이용하여 극복했어도 좋다. 본인의 에피소드를 구체적으로 이야기해 보자.

The worst day
[가장 슬펐거나 최악의 날]

I + Know-how = I know how
나 + 노하우 = 나는 방법을 알고 있다.

개인의 심리적 안녕이 업무에 막대한 영향을 미치는 직업군 중 하나가 객실 승무원이다. 그렇기에 지원자가 가장 슬펐던 날 혹은 심리적으로 힘들었던 날, 어떤 방법으로 난관을 극복하고 감정을 추스르는지 알아보는 것은 면접관에게 있어 매우 중요하다.

 The worst day [영어 답변 예시]

축기 전에 ───── 승무원 하고 싶다

When I was on Boracay island in the Philippines, I got an email from the airline in the middle of the night. It was written that the flight was canceled because of bad weather, 3 hours before the flight time.

Unluckily, the ticket I booked was neither exchangeable nor

refundable, so I was very embarrassed. I tried to contact the call center of the airline to complain, but the line was busy for 2 hours so I couldn't even reach them. Also, I couldn't extend the check-out at the hotel because it was fully booked.

I went to the airline office at the airport to tell them my situation. However, the airport situation was worse than I thought. Because there were too many people and the internet had a connection problem, I couldn't use the internet at all. The only thing I could do in that moment was queuing for a new flight ticket. Although the ticket was pretty expensive, I had to buy it not to miss the transfer.

To make matters worse, while ticketing, the staff required me to show my ID card and did not allow me to go inside without it. I could not help giving up buying the new tickek in that queue and I tried to find out my ID card. I was able to finally get my ID card after 30 minutes, but when I returned there, it was too late to get on board.

Eventually, I had to stay one night at the airport. It was the worst day ever and I don't want to remember that nightmare.

Have you ever been challenged abroad?

[해외에서 역경을 극복한 적]

I + Know-how = I know how

나 + 노하우 = 나는 방법을 알고 있다.

객실 승무원은 늘 새로운 환경에 적응할 준비가 되어 있어야 한다. 그 것은 시차, 음식, 문화, 관계 등 다양한 것들이 될 수 있겠다. 해외에 체류하는 동안 예상치 못한 문제에 봉착하여 지혜롭게 대처한 경험이 있는지 떠올려보자.

Final Interview 기출

자기소개 및 지원 동기

1. Tell me about yourself.

2. Tell me about your strength. (weakness) Ⓝ

3. What is your hobby?

4. Do you have any life motto?

5. Can you tell me about your major?(How can you take advantage of your major as a flight attendant?)

6. Why do you want to be a cabin crew?

7. Why did you apply for our company?

8. Can you tell me about our company?

9. Why should we hire you?

10. Where do you see yourself in five years?

승무원 자질 관련 질문

1. What do you think the most important qualification of cabin crew is?

2. What can be the most difficult thing working as a cabin crew? Ⓝ

3. What can be the advantages working as a cabin crew?

해외 경험

1. Have you ever visited other countries ?

2. When you were abroad, did you have any difficulty? (How did you overcome it) Ⓝ

3. Have you ever experienced any cultural shock? Ⓝ

업무 경험

1. Have you worked in the service field?

2. Why do you want to change your job?

3. While working there, was there any difficulty?

   (How did you handle?) Ⓝ

4. What do you think 'Customer service' is ?

   (Best service, Sincere service)

5. Have you ever worked on a team?

업무 관련 구체적인 질문

1. Have you ever offered 'Best service'?

2. Have you ever offered 'Extra service'?

3. Have you ever had any demanding customers?

   (Difficult customer) Ⓝ

4. Have you ever said "No!" to a customer?

5. Have you ever had an angry customer?

6. Have you ever suggested a creative idea at work?

7. Have you ever broken a rule?

8. Have you ever got the positive feedback from your colleague?

9. Have you ever got the negative feedback from your colleague?

10. Have you ever given your any feedback to your colleague?

11. Have you ever had any conflict with your colleague?

12. What kinds of coworker do you want to work with?

13. What kinds of coworker don't you want to work with?

서울 지역		
학위	대학명	학과명
2/3년제	백석예술대학교	항공서비스학과
	정화예술대학교	관광학부 항공서비스전공

경기 지역		
학위	대학명	학과명
2/3년제	강동대학교	항공관광과
	경민대학교	항공서비스과
	경복대학교	항공서비스과
	대림대학교	항공서비스학과
	동서울대학교	항공서비스과
	동원대학교	항공서비스과
	두원공과대학교	항공서비스과
	부천대학교	항공서비스과
	수원과학대학교	항공관광과
	신구대학교	항공서비스학과
	연성대학교	항공서비스과
	오산대학교	항공서비스과
	용인대학교	항공관광서비스학과
	장안대학교	항공관광과
	한국관광대학교	항공서비스과

인천 지역		
학위	대학명	학과명
2/3년제	경인여자대학교	항공관광과
	인천재능대학교	항공서비스과
	인하공업전문대학	항공운항과

충북 지역		
학위	대학명	학과명
2/3년제	충청대학교	항공호텔관광학부 스튜어디스전공
4년제	극동대학교	항공운항서비스학과
	중원대학교	항공서비스학과
	한국교통대학교	항공서비스학과

충남 지역		
학위	대학명	학과명
2/3년제	백석문화대학교	관광학부 항공서비스전공
	한국영상대학교	스튜어디스학과
		중국 승무원학과
		항공관광과
4년제	백석대학교	관광학부 항공서비스전공
	세한대학교	항공서비스학과
	중부대학교	항공서비스학과
	한서대학교	항공관광학과
	호서대학교	항공서비스학과

광주/전남 지역		
학위	대학명	학과명
2/3년제	고구려대학교	항공호텔관광학부 스튜어디스전공
	서영대학교	항공서비스과
	청암대학교	호텔항공서비스과
4년제	광주대학교	항공서비스학과
	광주여자대학교	항공서비스학과
	동신대학교	스튜어디스학과
	호남대학교	항공서비스과

대전 지역		
학위	대학명	학과명
2/3년제	대덕대학교	관광항공철도승무과
	우송정보대학교	여행항공스튜어디스전공
	혜천대학교	국제관광항공서비스전공

경북/경남 지역		
학위	대학명	학과명
2/3년제	경북과학대학교	호텔항공전공
	경북전문대학교	항공운항서비스과
	서라벌대학교	항공관광과
	진주보건대학교	관광계열항공 스튜어디스전공
	호산대학교	관광항공서비스과

대구 지역		
학위	대학명	학과명
2/3년제	계명문화대학교	항공스튜어디스과
	영진전문대학교	호텔항공전공항공여행반
4년제	동양대학교	항공비서학부

부산 지역		
학위	대학명	학과명
2/3년제	경남정보대학교	항공관광과
	동의과학대학교	항공운항과
	동주대학교	항공운항과
	부산경상대학교	항공비서과
	부산여자대학교	항공운항과
4년제	영산대학교	항공여행학과

제주 지역		
학위	대학명	학과명
2/3년제	제주관광대학교	항공서비스과
4년제	탐라대학교	항공서비스경영학과

죽기 전에 ─── 승무원 하고 싶다

Step 3

미래의 내 모습 내다보기

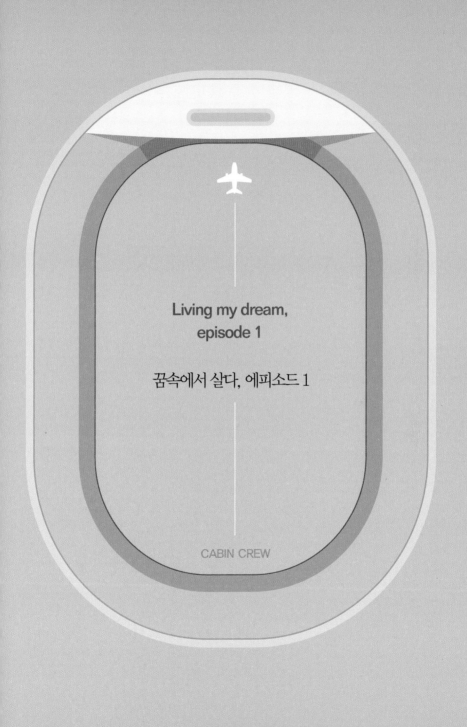

Living my dream,
episode 1

꿈속에서 살다, 에피소드 1

CABIN CREW

Living my dream, episode 1

 꿈속에서 살다, 에피소드 1

비행일기 하나 | I Love my job

때는 바야흐로 약 5년 전, 나는 어김없이 홈 스탠바이로 집에서 비행대기 중이었다.

홈 스탠바이(담당 승무원이 아프거나 급한 사정에 의해 비행에 나가지 못할 만일의 경우에 대비해 집에서 예비 승무원이 대기하는 것)가 끝나기 약 10분 전, 에티하드항공(Etihad Airways) 크루 컨트롤 부서(모든 승무원의 스케줄을 관리하는 곳)에서 전화가 왔다.

으악. 크루 컨트롤이 말하길, "Sorry, I know what you don't want to listen, but I should say that you have a Cairo flight now!" 하하 하하 하하 나는 웃으며 "I am in a nightmare now"라고 의미 없는 외마디를 날리며, 그대로 카이로 비행(이집트)으로 끌려갔다.

255

보통 우리 승무원들 사이에선 ABC 비행이라고 해서 3D 업무와 같이 유독 힘이 드는 노선들이 있다. A－Amman(암만), B－Beirut(베이루트), C－Cairo(이집트)다. 난 오늘 C를 간다. 우C!!!!!

그리하여 나는 어김없이 "뻽시 뻽시"를 외치는 이집트 승객들을 위해 맛있는 기내식을 준비했다. 여기서 뻽시란, 바로 콜라(=펩시)를 말한다. 이집트인들의 특성 중 하나, 펩시를 뻽시라 발음하여 처음 비행 새내기였던 나를 혼란에 빠뜨렸었다.

"네?????? 손님, 뻽시가 무엇인가요? 저희 기내엔 오늘 뻽시란 음료가 준비되어 있지 않습니다."

라고 했을 때, 그분들이 손가락으로 가리킨 건 펩시!

"아 ~~~~~~~~~펩시! 아하하하하하"

그러면 이집선 승객들은 그런 새내기인 나를 귀여워해 주신다.

아부다비에서 카이로 비행은 약 세 시간 반의 시간으로 비행시간이 매우 짧은 편이다. 하지만 에티하드항공은 푸짐한 서비스를 제공하기에 승무원들에게는 조금 타이트한 비행이다. 무사히 뻽시(?) 서비스와 식사 서비스를 마치고, 전에 제공해 드렸던 식사 트레이를 정리해 드리며, 따뜻한 음료 서비스를 시작했을 때였다. 내 등 뒤로

누군가 툭 하고 쓰러졌다. 바로 승객이 기내에서 쓰러진 것이다.

나를 포함한 모든 승무원들은 차분히 호흡과 맥박을 체크하고 응급상황에 대처하기 시작했다. (사실 기내에선 승객이 지상과 다른 기압차로 쓰러지는 일이 빈번히 발생하기에, 모든 승무원들이 응급상황 대처에 잘 훈련되어 있다.) 그로써, 약간의 서비스가 지연되자 우리 부사무장님께서는 본인이 나머지 상황을 대처하겠으니 신속히 얼마 남지 않은 시간에 식사 트레이를 정리하라고 하셨다. 얼마 남지 않은 착륙 시간에 급한 마음으로 차, 커피 서비스를 제공하며, 식사 트레이를 정리해 드리고 있는데, 저쪽에서 또 한 분의 승객이 툭 하고 자리에서 쓰러졌다. 오! 엠! 지! (Oh My God의 줄임말)

우리는 또다시 발생한 쓰러진 승객을 대처하느라 정신이 없었다. 다른 승무원 한 명이 그 승객을 대처하고 나머지는 서비스를 서둘러 재개하였음에도 착륙 시간이 얼마 남지 않게 되었다. 그 결과 부사무장님께서는 시간 관계상 따뜻한 음료 서비스를 생략해야겠다고 판단하였고, 이어 양해 부탁 말씀을 기내 방송으로 올렸다.

기내 방송을 들은 이집션 승객들이 언짢아하며 흥분하기 시작했다. 그러더니 어느 한 승객이 일어나 "커피! 커피!"를 외치자 덩달아 앞에 앉아 계시던 승객 한 명 또한 "차이!(티) 차이!"를 외치기 시작했다. 그러더니 약 10명 가까이 되는 승객들이 일어나 차를 달라며 소리 지르기 시작했다. 난 생전 처음으로 기내에서 쿠데타(?)를 목격했다.

257

이때 용감한 부사무장님께서 오시더니,

"No tea, No coffee for your safety! (손님의 안전을 위해 차, 커피 서비스 더이상 제공하지 않습니다)"

라며 단호하게 창문을 가리켰다.

슬슬 창 아래에 카이로가 보이기 시작했다. 이집트 승객들은 그제야 상황이 이해되신 듯 순순히 트레이를 하나둘 건네주시기 시작했다. 모자랐던 시간 덕에, 우리 승무원들은 착륙 마지막 순간까지 물 한 모금 마시지 못하고 식사 트레이를 정리하느라 혼이 나가 있었다. 드디어 착륙 직전 점프싯(승무원들이 앉는 좌석)에 앉을 수 있었다. 그리고는 함께했던 승무원들을 쭉 둘러보니, 그렇게 샤방샤방, 우아했던 우리 모습들은 어디 가고 마법이 풀려버린 만신창이 신데렐라들이 자리에 앉아 있었다. 한 승무원의 스타킹은 이리저리 구멍나 있었고, 그렇게 반듯하던 머리는 들쑥날쑥 산발이 되어 있었다.

그리고 우리를 기다렸던 것은 카이로에서 아부다비로 돌아가는 인바운드 비행 1개 더! 우리는 서로 눈을 마주치며 힘내라고 한 번씩 웃어주었다. 그리고 승객들이 하기하고 난 뒤 다 함께 입을 맞춰 소리 질렀다.

"I still love my job! I still love my job!"

그럼에도 불구하고 나와 우리 승무원들은 스펙터클했던 이 직업을 사랑했었고, 지금도 여전히 사랑한다.

비행일기 두울 황천길을 넘나들었던 한국발 아부다비행
비행

이번엔 초. 큼.('조금'의 강조 말) 끔찍한 경험의 비행 이야기를 들려
주고자 한다.

지금 생각해도 아찔했던 비행 순간이다!

비행을 하다 보면 응급상황이 생각보다 많이 발생한다. 기내는
지상과는 또 다른 환경이기 때문에, 우리 몸은 굉장히 민감하게 반
응한다. 흔하진 않지만 임신 중 조기 출산의 상황이 발생할 수 있다.
또한, 기내에서 음주 후, 쓰러지는 건 다반사로 있는 일이다. 음식 알
레르기 상황, 경미한 부상 등 이렇게 예기치 못한 응급상황에 발 빠
르게 대처하는 것이 우리 승무원들의 임무이기도 하다. 일단 서론은
여기까지 하고 본론의 이야기로 들어가겠다.

너무나도 청명하던 날씨의 한국의 황금 같은 레이오버를 즐기고
아쉬움을 가득 남기며, 돌아오던 한국발 아부다비행 비행이었다.

나는 한국에서 엄마가 챙겨주신 비타민으로 가득 채워진 가방을
들고 비행기에 오르며, 마치 오늘 하루에 1,000번이라도 왕복 비행
을 할 수 있을 것 같은 기분이(기분만…) 들었다. 더군다나 그날은, 원
래 저녁 비행 스케줄이었던 한국 비행이 새벽 비행 스케줄로 바뀌면
서 기내 서비스도 한껏 수월해졌다.

보통 저녁 비행은 승객들이 식사하는 시간인지라 객실 승무원들의 손과 발이 100개라도 모자라는 바쁜 비행이다. 하지만 오늘은 바뀐 새벽 1시 이륙 스케줄 덕택에(?) 승객들도 간단히 스낵을 드시고 숙면을 취하셨다.

우리는 새벽 세 시가 넘어서야 기내 정리를 마치고, 모두 자리에 앉아 승무원들의 식사를 준비했다. 한국에서 무얼 했는지 공유도 하고 이런저런 얘기를 하며 식사를 맛있게 마쳤다. 나는 좀 더 슈퍼파워 에너지를 얻기 위해 비타민을 꺼내 들었다. 그리고 비타민 세 알을 한꺼번에 삼키는 순간!!!

그 큰 비타민 세 알이 기도에 걸려 넘어가지 않았다. 갑자기 숨이 쉬어지지 않았다. 난 식사 중이던 다른 승무원을 손짓으로 불렀다.

물론 말은 할 수 없었고, 숨도 쉬어지지 않았으며 허리인지 등뼈인지 모를 장소에서 엄청난 고통이 느껴졌다.

그걸 본 프랑스 여자 승무원 한 명이 깔깔거리며 웃었다. 그녀는 원래 장난기가 많은 내가 장난을 치고 있다고 생각했던 모양이다. (순간, 그 프랑스 여 승무원이 미워졌다.)

그때, 요르단 출신 남 승무원이,

"얘들아, 근데 은유가 장난이 아닌 거 같아, 얼굴 색깔이 창백하고 파래~~~ 헉! 은유, 너 괜찮니?"

그때부터 모든 승무원이 이 상황이 심각하다는 걸 바로 깨닫고 기도폐쇄(Choking) 응급상황에 돌입했다. 나에게 기침을 유도해서 걸린 비타민을 빼내려 했지만, 실패하자 프랑스 출신 여 승무원이 내 등을 손바닥으로 세게 후려쳤다.

난 생각했다. '난 이제 죽겠구나. 이렇게 비타민을 기내에서 먹다가… 명예롭지 못하게 죽겠구나. …ㅜㅜㅜㅜㅜㅜ'

요르단 출신 남성 승무원이 안 되겠다 싶었는지 나를 뒤에서 안고 Abdominal thrust(복부 밀어내기: 배꼽과 명치 중간지점을 힘껏 후상 방향으로 밀어 올려주어 기도가 막힌 것을 뚫어주는 응급처치)를 시작했다.

정말 아팠다. 그 남성 승무원의 울룩불룩 근육이 장식용이 아니라는 것을 과시하듯 정말 무지막지하게 힘이 셌다. 나는 숨이 점점 막혀오며, 머리가 하얘지기 시작했다. 그 순간, 허공 위로 나의 러블리한 비타민 세 알이 튀어나왔다.

마치, 깊은 바다에서 돌고래 세 마리가 점프력을 과시하듯, 비타민 세 알이 자랑스럽게 튀어 올랐다. 순간 막혀왔던 숨이 쉬어지고 난 다리에 힘이 풀려 털썩 주저앉았다.

정말 심각한 상황이었지만, 나의 비타민 세 알이 공중에 날아감으로써 내가 괜찮아진 걸 본 우리 동료 승무원들이 배꼽이 빠져라 웃기 시작했다.

나더러 아픈 것도 '개그'라고 했다.

이 사건 이후, 비행 내내 나는 동료 승무원들에게 놀림을 당해야 했지만, 나에게는 생사가 오갔던 잊을 수 없는 비행이었다. 나중에 생각해 보니 나도 웃겨서 피식피식 웃긴 했었다.

끝으로 이렇게 내가 이 비행 얘기를 아무렇지 않게 할 수 있도록 생명의 기회를 다시 한번 주었던 동료 승무원들에게 감사의 표시를 해본다.

비행일기 세옛 **후덜덜 쿠알라룸푸르 비행**

쿠알라룸푸르는 말레이시아의 수도이다. 오늘 나는 그곳으로 비행을 간다.

하지만 나는 아침부터 기분이 좀 다운되어 있었다. 왜냐!!! 간밤에, 꿈속에서 내가 풍선 위를 기분 좋게 날아다니다가 풍선 바람이 빠져 매우 고통스럽게 절벽으로 떨어져 죽는 꿈을 꾸었기 때문이다.

불길한 예감을 안고, 여느 때와 마찬가지로 긴장의 객실 브리핑을 마치고, 비행기에 올라탔다. 비행기 Preflight Check(사전 점검)이 끝나고 지상직 직원에게 탑승 준비를 다 마쳤음을 알려드리자 승객들이 하나, 둘 탑승하기 시작했다.

승객들의 탑승이 끝나고, 이윽고 우리 비행기는 쿠알라룸푸르를 향해 힘차게 날아올랐다. 정신없던 서비스도 다행히(?) 잘 마치고 꺼진 기내 조명 아래, 우리 승무원들은 승객들을 살피기 위해 기내로 나갔다. 승객들을 찬찬히 살피고 있을 때 기내가 갑자기 난기류에 크게 흔들리기 시작했다.

기내에서는 종종 난기류 현상(공기의 흐름이 불규칙해 기내가 흔들리는 현상)이 발생한다. 예상되는 난기류의 대부분은 사전 브리핑 때, 기장님께서 말씀해 주시지만, 지금 상황과 같이 예상치 못한 심한 난기류 때는 안전에 유의해야 한다. 예기치 못하게 찾아온 이 난기류는 무지 강한 녀석이었다.

기내방송으로 좌석벨트 착용에 관한 안내 방송이 흘러나왔고, 그 와중에 우리 기장님의 다급한 목소리가 들려왔다.

"Cabin crew be seated! Cabin crew be seated immediately! (승무원분들 앉아주세요, 즉시 앉아주세요.)"

이런 기장의 직접적이고 다급한 경고가 있을 때는 터뷸런스(난기류)가 매우 심한 경우이다. 이 상황에서 우리 승무원들은 승무원 안전 훈련에서 배운 대로, 가장 가까운 좌석에 앉아 가능한 한 빨리 좌석벨트를 착용해야 한다. 그렇지 않으면 최악의 경우, 마치 액션 영화의 한 장면처럼 우리 몸이 비행기 천장과 바닥을 오가며 무지막지하게 나동그라지고 위아래로 핑퐁처럼 패대기쳐질 수 있기 때문이다.

이처럼 터뷸런스는 대체로 예상이 가능하지만 날씨의 영향이나 바람, 구름의 영향으로 예상치 못할 상황이 종종 발생하고, 그 정도를 가늠할 수 없을 때가 있다.

순간, 나는 내가 서 있는 곳에서 가장 가까운 승무원 점프싯(승무원이 앉는 좌석)으로 달려가려 했다. 한 걸음 더 빨랐던 부사무장은 내가 앉으려던 점프싯에 재빠르게 앉아 좌석벨트를 매셨다. (이건 부사무장이 이기적인 것이 아니다. 안전을 위해 당연한 것이다.) 하지만 순간(약 1초 아니 0.5초라고 말하자!) 부사무장이 얄미웠다. 하하. 다른 승무원들도 신속하게 가장 가까운 점프싯에 앉거나 빈 승객 좌석에 앉아 좌석벨트를 착용했다.

안타깝게도 내 주변에는 더 이상 승객의 빈자리도, 점프싯도 없었다. 잠시 패닉이 왔다.

그 순간 쾅! 소리와 함께 터뷸런스가 또 한 번 일어났고 이 난기류는 내 몸을 아주 사뿐히 공중으로 부양시켜 주셨다. 다행히 천장까지 올라가진 않았지만, 가히 뇌호홉 단체에서 탐낼 만한 공중부양 정도였다(?!). 일반 성인 약 무릎 높이 정도까지 사뿐히, 아주 우아하지 못하게, 떠올라주셨다가 무릎으로 기내 바닥으로 떨어졌다. 그때 이미 나는 극도의 공포를 느꼈다.

부사무장도 어찌할 바를 몰라 발만 동동 굴리며 나를 보고 있었다. 나는 일단 살고 봐야 했다. 그래서 내가 서 있던 곳에서 가장 가까이 앉아 계시던 아랍계 출신의 어머님께(약간 통통하시던) 잠시 실례를 범할 수밖에 없었다.

"쏴리―"

한마디와 함께, 인자하고 포근하신 중동 어머님의 무릎에 앉았다. 그리고

"Hold me on please, hold me on.(안아주세요. 안아주세요, 제발.)"

라고 외쳤다. 5살짜리 딸이 안아달라고 떼쓰듯 외쳤다고 덧붙여본
다. 얼떨결에 이 여성 승객께서는 나를 두 손으로 힘껏 안아주셨다.
그래도 무서웠었는지 나는 한마디 더 보탰다.

"more tightly, more tightly!(더 꽉이요.)"

정말 무지무지 심각한 상황이었다. 적어도 나에게는…
그런데!! 이 상황을 보고 있던 부사무
장님이 웃기 시작했다. 그리고 주변 승객들까지도 모든 이목을 끌고
있던 나를 보고 배꼽 빠져라 웃고 있는 게 아닌가?! (심지어 나를 안아주
신 어머님까지ㅠㅠ) 때마침, 이러한 나의 호들갑(?)이 더 무색해지는 기
장의 친절한 안내방송이 흘러나왔다.

"승객 여러분, 좌석벨트 표시등이 꺼졌습니다. 이제 안전하게 이
동이 가능합니다. 감사합니다."
"………"

그 순간 나는 쥐구멍에라도 숨고 싶어졌다.

민망해진 나는 친절하고 인자하게 나를 안아주셨던 그 손님께 어색한 눈인사를 하며 "Th… Thank you! Very much!"(감… 감사합니다. 매우…)라고 버벅거리며, 갤리로 도망치다시피 뛰어왔다. 이러한 내 모습에 다른 승무원들이 아기와 같은 어쭙잖은 귀여운 목소리를 내며, 내 흉내를 냈다.

"Hold me on please, tightly! mommy!"

동료 승무원들이 나름 귀여워서 놀리는 거라 했지만, 정말 은근 약이 올랐다. 여기에서 내가 강조하고 싶은 것은 역시 내 꿈은 예지몽이었다는 것이다. 그렇다.

그 풍선은 나를 포근히 안아주시던 넉넉했던 어머니 손님의 배였었다. 다행히 그 승객께서 먼 세월 동안 튼튼히 쌓아 오신 풍선 같던(?) 배의 내공으로 내가 공중으로 부양되진 않았던 것이다.

기회가 된다면, 다시 한번 내 생명의 은인인 그 손님께 죄송하고 감사했다고 전하고 싶다.

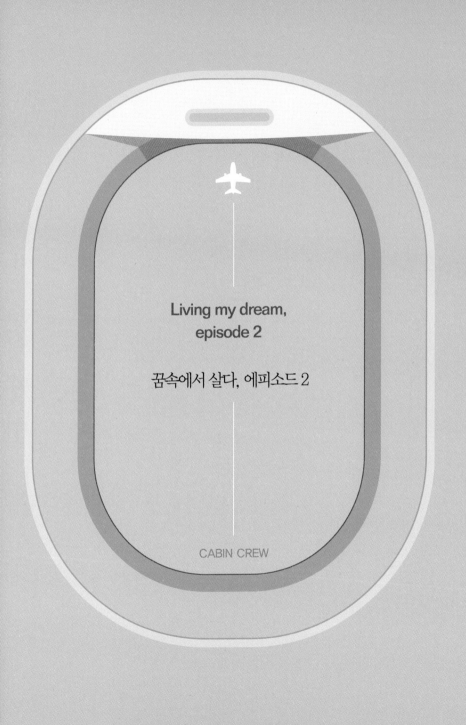

Living my dream,
episode 2

꿈속에서 살다, 에피소드 2

CABIN CREW

Living my dream,
episode 2

 꿈속에서 살다, 에피소드 2

비행일기 네엣 ## 치킨 메뉴 주세요

오늘은 요르단 비행 때 탑승하셨던 귀여운 아랍 승객 한 분을 내 비행일기에 써넣을까 한다. 정신없이 바빴던 비행 스케줄로 영혼이 반쯤 외출 나가 있었지만, 언제나처럼 다소곳하고 어여쁘게 머리와 화장을 마치고 아침 5시에 공항 브리핑 룸으로 향했다. 어느 때와 마찬가지로 긴장감 넘치는 브리핑 후 시간은 후다닥 흘렀고 우리는 어느새 이륙 후, 서비스를 진행 중이었다.

오늘 기내식으로 치킨과 리조또 그리고 채식 밀이 실렸다. 승무원들이 많이 공감하는 이야기겠지만, 유독 어느 한 행선지에 잘 나가는 기내식 메뉴가 있다. 오늘은 그 메뉴가 치킨이다. 그래서 어느 특정 구간 승객들에게 치킨 기내식이 집중되어 나가지 않도록, 승무원들은 일부러 다른 메뉴를 추천해 드리기도 한다. 나 또한 그날, 해물 리조또나 채식 밀에 대해 이혜정 요리전문가 선생님 못지않게 맛있 게 묘사해 드렸다.

"손님, 오늘 기내식 메뉴로는 신선하고 다양한 해산물이 매콤달 콤 소스와 곁들여져 아주 맛있는 리조또와 건강식으로 구성된 다양 한 야채들이 은은한 오리엔탈 소스와 잘 어우러져 맛이 일품인 채식 메뉴, 그리고 치킨이 있는데 어떤 걸로 제공해 드릴까요?"

하지만 손님들은 귀신과 같은 촉으로 나의 구구절절한 방해공 작에도 어림없다는 듯,

"치킨 주세요!"

하신다. 결국 서비스를 시작한 지 30분도 채 되지 않아, 나의 서비스 카트엔 주인을 만나지 못한 서러운 해산물 리조또와 채식 메뉴만 가 득 남게 되었다.

이후, 치킨을 드시고 싶어 하는 승객들께 수백 번 사과를 드리며, 남아 있는 메뉴를 열심히 설명하고 추천해 드렸다. 혹시나 승객들이 제공받지 못한 메뉴로 인해 기분 상하진 않으실까 노심초사하며 한 줄 한 줄 서비스를 제공하다 보니 어느덧 마지막 줄 차례가 되었다.

복도 쪽에 앉아 계시던 한 승객은 너무 감사하게도 리조또를 드시겠다 하셨다.

나는 진땀 흘려가며 메뉴 설명을 하지 않아도 되는 기쁨에 올라가는 광대를 고이 감추고, 맛있는 메뉴를 잘 선택하셨다며 방청객 반응을 아끼지 않았다.

이때, 눈을 끔뻑끔뻑하며 이를 지켜보시던 창가 쪽 자리 승객께서는 굉장히 도도한 표정으로,

"나는 치킨!"

하셨다. 드디어 올 것이 왔구나! 나는 반영구 광대 승천을 하며, (웃는 광대가 고정이 될 정도로 힘주어 웃으며)

"I am so afraid of not having any more chicken meals sir. (손님, 유감스럽게도 더 이상 치킨이 남아 있지 않습니다. 매우 죄송합니다.)"

라고 했다. 그랬더니 그 승객께서는 급흥분하시며, (실제 목에 핏대가 서셨다.)

"I knew it! I. KNEW. THIS! (영어 단어 하나하나를 2음표의 길이로 강조해 가시며) Your company is always like this! Do you know what? The ○○airline is not like this. The staffs are so kind and my meal choice is always available. That airline is the best. I will NEVER ever take your company. I won't eat anything on board today." (내가 이럴 줄 알았어! 이. 럴. 줄. 알. 았. 다. 고!! 당신 항공사는 항상 이런 식이지, 그거 알아, ○○항공은 이러지도 않아. 걔네는 엄청 친절하고 내가 항상 시킨 기내식은 다 있어. ○○항공이 역시 최고 항공사지. 내가 다시는 절대 당신네 항공사 안 탈 거고, 오늘 나는 아무것도 먹지 않겠어!")

객실 승무원은 가능한 한 기내에서 승객의 부탁, 제안, 요구를 성실히 수행하기 위해 귀 기울이고 구두가 해지도록 이리 뛰고 저리 뛴다. 이런 승무원에게 비행 초창기 시절, 가장 난감한 상황은 더 이상 제공할 수 없는 기내식을 승객이 제공받길 원할 때이다. 마음 같아서는 기내에서 다 떨어진 기내식을 다시 만들어 제공해 드리고 싶은데 그럴 수가 없지 않은가?

100명에서 많게는 300명이 넘는 각 승객들의 그날그날 기호를 항공사가 매번 적절히 예측하고 제공하기란 쉬운 일이 아니다.

어쨌든 그 승객의 이러한 코멘트에 콩닥거리는 심장을 깊이 감추고, 최대한 자연스럽게 다시 광대를 승천하며 손님의 마음을 진정시키려 말을 이어나갔다.

"Sir, I do understand how you feel. For the next meal service, I will definitely offer you the first chance to take your meal choice. Sorry again. If you don't mind, You still have the other two choices which are a fresh seafood Risotto and a healthy Asian vegetarian meal. Would you like to try?" (손님께서 어떤 기분 이실지 진심으로 공감합니다. 죄송합니다. 다음 서비스 시에는 손님께서 제일 먼저 원하시는 메뉴를 제공받으실 수 있도록 하겠습니다. 다시 한번 사과드립니다. 손님께서 괜찮으시다면, 지금 현재 싱싱한 해산물이 첨가된 리조또와 건강식 아시안 채식 메뉴가 준비되어 있습니다. 한번 드셔보시겠습니까?")

라고 말하자, 그 승객은 콧방귀를 뀌며 창문을 응시하셨다.

　　이때 이미 리조또를 받으신 옆자리 다른 승객께서는 맛있게 리조또를 음미하고 계셨다. (사실 그날 리조또가 진짜 맛있는 메뉴였다고 개인적으로 생각한다.)

　　그때 난 아주 놀라운 장면을 보았다. 그 불만 승객께서 얼굴은 창으로 응시한 채, 가끔 검은색 눈동자를 옆 좌석 손님이 음미하고 계시는 리조또로 아주 빠르게 0.1초씩 스캔하고 있는 걸 목격했기 때문이다(마치 남성들이 어여쁜 여성들을 흘겨볼 때 쓴다는 흰자위 권법). 나는 이 상황을 놓치지 않고 얼른 다시 말을 걸었다.

"Sir, this is such a fresh seafood Risotto that I personally love so much. If you don't mind, you may just try it. If you don't like it, you can complain to me. ^^." (손님, 이 메뉴는 사실 제가 개인적으로 정말 좋아하는 신선한 해산물 리조또입니다. 손님만 괜찮으시면, 한번 드셔보시고 맛이 별로면, 그때 저를 미워하셔도 되십니다. 헤헤!)

라며 다시 한번 그 불만 승객의 흰자위 권법이 민망하지 않도록 메뉴를 추천해 드렸다. 그러자, 그 손님께서는 못 이기는 척,

"Okay, fine! I will try it. (그럼 한번 먹어보죠.)"

하며 드시기 시작했다.

그리고 몇 분 뒤, 나는 기내 식판을 수거하기 위해 다시 그분 자리를 찾았다. 기내식 트레이를 확인하는데, 이게 웬걸! 리조또 소스 한 방울도 남아 있지 않았다. 그리고 그 불만 승객의 화났던 표정은 온데간데없이 사라지고, 어느새 싱글벙글 웃고 계셨다.

나에게 그 승객은 뭔가 비밀 얘기하듯 (입을 손으로 살포시 가리며),

"You know what? Actually, this company is the No. 1 airline not ○○airines. Ana Behalif!(Swear before God.) very much nice. Very much(아랍식 영어)" (역시 이 항공사가 최고 넘버원이야. ○○항공이 아니야! 신에게 맹세하는데 여기가 아주 좋아요. 여기가 아주 좋아!)

기내식 후기를 이렇게나 바로 생생하게 전달받는데 나도 모르게 쿡쿡 웃음이 났다. 심지어 옆에 계시던 승객분도 함께 킥킥 웃었다. 저분을 '팔랑귀'라고 표현할 수도 없고 '팔랑 입맛'이라고 해야 하나. 참 쉽지요잉. 심지어 행선지에 도착한 후 비행기를 나서는 순간까지 나에게 엄지를 높이 추켜올려 보여주시고 박수하며 나가셨다. 혹시 모를 일이다. 저렇게 나가신 뒤 다음에는 다른 ○○항공 멤버십 회원이 되셔서 오실지.

무미건조했던 나의 요르단 비행에 웃음을 주셨던 그 승객께 이제 와 마음의 메시지를 보내본다.

"쌀람말리쿰. 잘 지내고 계시나요? 다른 항공에 타셔서 원하는 식사 메뉴 제공받지 못하셨다고 또 귀엽게 삐치셔서 창문 응시하고 계시진 않으신가요. 아직도 손님의 새까맣고 0.001초를 바삐 다투어 움직이던 검은색 눈동자를 잊지 못합니다. 꼭 언젠가 하늘 위에서 다시 한번 뵙고 안부 여쭙고 싶네요~ 와하시티니(아랍어로 '보고 싶어요!')"

비행일기 다섯 **기내식 쟁탈전**

바야흐로 2011년, 에티하드항공에 입사한 지 얼마 되지 않아 이리저리 동료 승무원들의 눈치를 보며 일하던 때였다. 오늘도 어김없이 바쁜 스케줄로 한 끼니조차 때우지 못하고 한국행 비행기에 몸을 실었다. 보통 한국으로 돌아가는 비행에서는 장기간 여행으로 지친 승객들이 한식 메뉴를 많이 찾는 편이다.

그런데 한식을 기대하는 또 다른 1인이 있었으니 그건 바로 나였다. 평소 비행에서 긴장도 많이 하고 빡빡한 스케줄에 치여 집으로 돌아가면, 요리는커녕 물 마실 힘도 없이 축 처져서 하루를 보낸다. 그래서 맛있는 기내식이 실리는 특정 행선지로 비행을 가게 되는 날이면, 빨리 서비스를 마치고 배 채울 생각에 나도 모르게 신이 난다.

그렇기에 오늘은 한국 비행이라 한식이 제공되는데, 심지어 내가 가장 좋아하는 매콤달콤 오징어 볶음밥이 기내식으로 실렸다. 두둥! 달짝지근한 고추장 양념과 신선한 해산물, 오징어가 밥에 비벼져 나의 군침을 돋우는 그분이 기다리신단 말이다. 그러나!!!!! 이게 웬 말인가?! 안타깝게도 오늘 승무원 기내식으로 오징어 볶음밥이 실리지 않고, 대신 파스타가 실렸다는 소식을 접했다. 두둥!!!!!!!! 신이시여! 나에게 왜 이런 시련을……………………

그 후부터 나의 머릿속은 '어떻게 오징어 볶음밥 기내식 한 개를

구기 전에

승무원 하고 싶다

278

승객 서비스에서 남겨볼까'란 생각뿐이었다. '승객들께 최대한 다른 메뉴를 권해드려, 오징어 볶음밥 한 개를 남겨보자!'란 생각을 했다. 사람이 배가 고프면 눈 돌아간다는 게 바로 이 말이었던 거 같다.

두근두근 긴장되는 서비스가 시작되었고, 맨 앞 좌석의 모든 승객들께서 오징어 볶음밥을 요청하셨다. 한 좌석, 한 좌석 서비스할 때마다 나는 점점 초조해지기 시작했다.

그리고 아주 조심스럽게 다른 메뉴를 권해드렸다.

"손님, 혹시 저희 항공사 처음 이용해 보셨습니까? 그렇다면 매일 드실 수 있는 한식보다 ○○항공의 자랑, 파스타 한번 드셔보시겠습니까? 혹은 아랍국에 첫 방문이시라면, 아랍식 치킨을 드셔보시는 건 어떠세요?" (겉은 그럴싸하게 승객의 편의를 위해 기내식을 추천하는 것처럼 포장했지만, 비굴함과 욕심이 가득 찬 사심 충만한 멘트였다.)

다행히 몇몇 승객은 파스타와 아랍식 치킨을 드셔보시겠다고 했다. 어찌나 천사님들이셨는지. 하지만 결국 이러한 나의 필살의 노력에도 불구하고, 오징어 볶음밥은 서서히 동이 나기 시작했다. 드디어 오징어 볶음밥이 딱 한 개 남은, 오지 않았으면 했던 상황이 왔다.

데스트니~~~~빠방!! 데스트니~~~~(운명이야!!!)

다급한 마음에, 나는 마지막 남은 오징어 볶음밥을 카트 맨 아랫줄에 내려두었다.(사실 숨겨두었다는 표현이 맞을지도 모르겠다.) 다행히 좌석 한 줄 한 줄 서비스가 한 개 남은 귀한 오징어 볶음밥의 주문 없이 무사히 끝나가고 있었다. 나는 머릿속으로 오징어 볶음밥을 양념에 비벼 오물오물 맛있게 먹을 상상을 하며 쾌재를 불렀다. 룰루랄라~

그런데 마지막 좌석에 앉아 계시던 한국인 승객께서

"오징어 볶음밥 주세요."

하셨다. 난 식탐의 본능을 억누르지 못하고, '식탐 악마'가 씌어 조종당하고 있는 승무원처럼,

"손님, 정말 죄송합니다. 현재 오징어 볶음밥 기내식 메뉴가 전부 소진되었습니다. 손님들께서 많이 찾으시는 파스타 메뉴와 매콤한 아랍식 치킨 메뉴가 남아 있는데 괜찮으시다면, 다른 메뉴 어떠신가요?"

라고 말했다. 한참을 고민하시던 승객께서 갑자기 어떤 촉이 발동하셨는지 두리번거리기 시작하시더니 카트 안을 살피셨다.

죽기 전에 ──
승무원 하고 싶다

"에이~~~~ 승무원 아가씨, 무슨 소리예요? 저 아래 딱 한 개 보이는데~~~"(완전 슈퍼맨 시력이셨다. 어떻게 내가 고이 아주~자~알 모셔둔(?) 그 오징어 볶음밥이 보이신 건지…)

"아하하하하하하하;;;;;;;; 저기 있었구나. 오징어 볶음밥이 저기 숨어 있었네. 아하하;;;"

눈물을 머금고 그 슈퍼맨 승객분께 내 사랑 오징어 볶음밥을 제공해 드렸다. 제공해 드리는 게 너무 당연한 건데 정말 마음이 아팠다.

누구에게나 배고픔 속에 찌질하고 비굴했던 순간은 있다. 그 후로 난 절대 승객 기내식에 손대지(?) 않는다. 아마 그때 손님은 상황을 전혀 눈치 채지 못하셨겠지만, 내 스스로의 비굴함에 아직까지 그 상황 속, 내가 부끄럽기만 하다. 마지막으로 슈퍼맨과 같았던 그분 시력에 존경을 표하고 싶다.

내 인생 최대 위기 러시아 비행

한적한 암스테르담 호텔에서 따뜻한 햇살을 만끽하며 커피 한 잔을 마시는 지금, 너무나 추웠던 2013년 겨울의 아찔했던 러시아 비행 생각에 피식 하고 혼자 웃는다. 정말 유독 추웠던 그날, (우리 승무원들의 우스꽝스러운 표현을 빌리자면, 콧물이 흐르면 저절로 얼어붙어 크리넥스 값을 아낄 수 있는 매우 경제적인 나라) 러시아 비행에 몸을 실었다. 그 당시 나의 포지션은 R2(비행기의 앞쪽 오른쪽 문)였다.

어느 때와 마찬가지로 서비스는 정신 없이 진행되었고 우리는 5시간 30분의 비행시간 끝에 마침내, 모스크바 국제공항에 착륙했다. 승객들을 하기시키기 위해 비행기는 멈춘 상태였고 계단에 오른 지상직 직원의 positive clearance(계단이나 브리지와 같은 지상 장비가 잘 장착되었는지 확인 후 문을 열어도 괜찮다는 사인)를 기다리고 있었다. 그때 당시 나는 첫 방문한 모스크바 여행 생각에 들뜰 대로 들떠 있었다. 뜬금없는 표현이지만 마치 '짱구는 못 말려'에서 짱구가 미인 누나들을 보고 침 흘리며 웃는 것처럼 창밖을 내다보며 헤헤~거리던, 그 때!!!!!!!!!

부사무장이 다급한 목소리로 나를 불렀다. 도어 버튼에서는 빨간색 불이 깜빡거리고 있었다. 그 신호는 기내의 압력이 높아서 문을 열 수 없다는 사인이었다. 부사무장은 신입이었기에 더욱 당황한 기색이 역력했다. 부사무장은 나에게 다른 승객들이 L1 도어(비행기 문) 근처로 오지 못하도록 모니터링을 시키고 그날 유독 시크하셨던 기장님께 전화를 걸었다. 부사무장이 상황을 보고드리자 기장은 다음 지시가 있을 때까지 잠시 대기하라고 했다. 그리고 약 10분 후 기장님께서 인터폰을 통해 말씀하시길,

"기내 압력은 정상으로 보인다. 일시적인 기계적 결함일 수도 있고 단순한 에러일 수도 있으니 한 번 문을 열어보길 바란다."

라고 하셨다. 그 말에 우리 부사무장은

"네? 저더러 한 번 문을 열어보라고요? 죄송합니다만, 기장님께서도 확신 못하는 그 문은 못 열겠습니다. 전 죽고 싶지 않거든요."

우쭈쭈~ 오구오구오구 순둥이처럼 보이던 부사무장이 이렇게 싸납쟁이가 되어 말하자 우리 기장은 급당황하시며,

"네, 그럼 제가 직접 나가서 문을 열도록 하지요."

라고 하셨다. 나도 옆에서 보는데 다리가 후들후들 떨리기 시작했다. 만약 기내 압력에 정말 문제가 있다면 문이 열리는 순간 비행기의 문은 마치 종이 한 장처럼 가볍게 날아가고 문 근처의 우리들 모

두 3층 높이의 비행기 밖으로 나가떨어지게 되는 것이기에 긴장을 늦출 수 없었다.

부사무장과 나는 먼저 승객들을 문으로부터 멀리 이동시키고 좌석벨트를 착용하게 한 후 우리는 있는 힘을 다해 비행기 문 assist handle(보조 핸들)을 움켜잡았다. 부사무장은,

"캡틴, 저희는 준비 다 됐습니다. 이제 문을 여셔도 되세요."

라고 하자, 기장은 우리를 돌아본 후 다시 한번 상황을 확인하고 문으로 다가갔다.

아주 조심스럽고 침착하게 기장이 문을 열었고, 다행히 문이 아무 문제 없이 스르륵 열렸다. 우리 셋은 정말 그 몇 분 사이, 천당과 지옥을 오간 기분이었다. 나중에 승객들을 다 하기시킨 후 엔지니어를 불러 원인을 알아보니 기내 안의 온도와 바깥의 온도(영하 30도의 날씨) 차이가 너무 커서 기계가 오류를 보인 것뿐이라고 하셨다.

이 말에 우리 팀은 그제야 너털웃음을 터뜨렸다. 이후 생사의 순간을 넘나들었던 우리는 긴장을 풀고 모스크바 호텔에 도착해 편안하고 기분 좋은 잠을 청할 수 있었다. 마치 '허드슨강의 기적'의 영웅, 설리 설렌버거 기장처럼.

상황이 종료된 후 나는 기장님께 다가가 이런저런 이야기를 나누었다.

기장님께서는 요 근래, 미국의 ○○항공에서도 비슷한 사례가 있었다고 하셨다. (랜딩 후, 기내 압력이 높다는 사인이 들어온 상황) 그때 당시 그 기장 또한 문제가 없다고 판단하여 여 사무장에게 문을 열어볼 것을 지시했고, 여 승무원은 기장님 지시대로 문을 열려고 시도했다.

그때 도어 핸들이 잘 돌아가지 않자, 맨 앞에 앉아 있던 남자 승객에게 도움을 요청했고 둘이 힘을 합쳐 문을 연 순간, 문과 함께 두 명은 공중으로 날아올랐다. 안타깝게도 여 승무원은 땅에 떨어져 즉사하였고 도움을 주었던 남자 승객은 여 승무원 위로 떨어져 가까스로 목숨을 건질 수 있었다고 한다.

난 순간 마음속으로 으스스한 생각이 들었지만 한편으로는 객실 승무원으로서 안전에 대해 더욱 숙지하고 철저히 엄수해야겠다는 사명감이 짙어졌다.

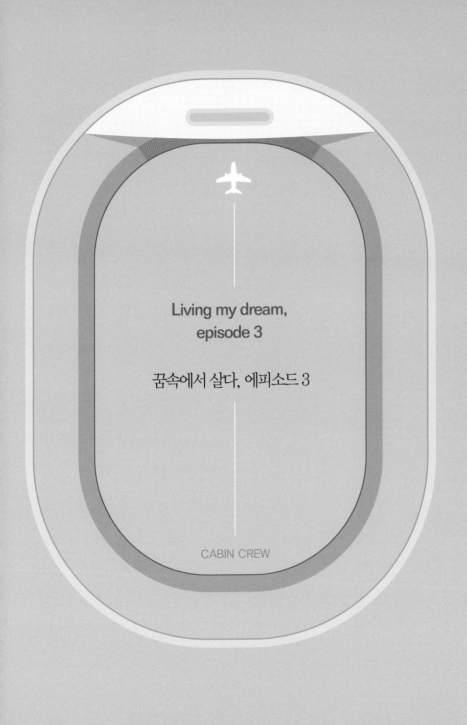

Living my dream,
episode 3

꿈속에서 살다, 에피소드 3

CABIN CREW

Living my dream,
episode 3

 꿈속에서 살다, 에피소드 3

비행일기 일곱 나의 러블리 ○○풍선 투어 어머님부대

꿈 같던 한국 비행 레이오버를 마치고 아쉬운 마음을 뒤로 한 채 나는 아부다비행 비행기에 몸을 실었다.

이제 막 인천 공항에서 아부다비를 경유해 각 여행지로 가는 들뜬 승객들 사이로 나는 '이제나 저제나 언제쯤 한국에 다시 올 수 있을까?' 하는 마음을 달래려 애썼다. 이미 비행 전 브리핑 시간에 오늘은 ○○풍선 투어 단체승객들이 탑승한 만석 비행이니 단단히 준비하라던 사무장님의 공지가 있기도 했던지라 부담감이 컸던 것 같다.

지상 서비스를 마치고, 비행기 이륙 전 마지막 기내 안전을 확인할 때였다. 어느 한국인 남성 승객께서 벌떡 일어나시더니 급하게

나의 점프싯(승무원 의자) 바로 위 선반에 무엇인가를 넣고 자리로 사라져버리셨다. 나는 중요한 것이 아니겠거니 하고 아무 생각 없이 캐빈을 체크한 후 점프싯에 앉았다. 이륙 후, 서둘러 식사 서비스를 준비하기 위해 내 의자 위 선반에서 앞치마를 꺼내려고 선반을 열었다.

그런데 선반에서 예상치 못한 노트북 한 대가 떨어져 나와 기내 바닥 위로 세 번에 걸쳐 퉁퉁 튀며 떨어졌다. 그것도 모자라 ○○풍선 투어 그룹 일원 중 어머님 한 분의 어깨에 그대로 명중했다. 나는 너무 놀라 먼저 그 손님께서 다치지 않으셨는지 체크했고 다행히 손님께서는 괜찮다고 하셨다. 그리고 얼른 문제의 노트북 주인을 찾기 시작했다. 15분 동안 선반 주변 자리에 계신 승객 한 분 한 분께 직접 여쭤보았으나 주인을 찾지 못했다. 기내방송으로 노트북 주인을 찾으려 했으나 그 역시 아무 답을 얻지 못했고 결국 나는 더 이상 서비스를 지체할 수가 없어, 대기 중인 동료들과 함께 기내 서비스를 시작했다.

역시나 예상대로 그날의 저녁 서비스는 내 정신을 쏙 빼놓았다.

"어머님, 저희 오늘 기내에 한국식 인삼죽, 아랍식 치킨, 파스타 있는데 어떤 식사로 준비해 드릴까요?"

라고 하자,

"아가씨 그럼 나 오늘 이태리 가니까 미리 파스타 먹어볼래요.~ 파스타 주세요.~"

손님의 요청대로 나는 파스타와 음료를 건네드렸다. 다음 좌석의 서비스를 하려고 하는데, 같은 손님께서 나를 다급히 찾으셨다.

"아가씨, 이거 왜 이렇게 맛없어요?~ 바꿔줘요.~ 파스타 모양이 왜 이래~ 바. 꿔. 줘. 요(개그 콘서트의 정태호 아저씨를 압도하는 '바꿔줘요'를 거절할 수 있는 승무원은 몇 안 되리라 본다. ㅜㅜ)"

에티하드항공의 파스타는 일반적으로 우리가 생각하는 면발이 있는 파스타가 아니라 리가또니(관 모양의 파스타)이다. 아무래도 우리 어머니 세대의 손님들에겐 익숙지 않은 모양일 것이라고 생각하여 얼른 그 손님께 리가토니 파스타에 대해 간단히 설명해 드렸다. 그리고 혹시 제공할 수 있는 여분의 다른 기내식을 확인한 후,

"손님~ 평소 저희가 기내식이 충분치 않아서 여분을 제공해 드릴 수 없을 때가 많은데 오늘 다행히 탑승 취소한 분들이 계셔서 여분이 조금 남아 있습니다. 편하게 드실 수 있는 다른 메뉴로 제공해 드리겠습니다. 특히 어머님은 미인이시니까 제가 특별히 제공해 드리는 거예요."

이렇게 없는 애교 있는 애교로 손님의 기분을 풀어드리고 다음 한 줄로 넘어가는데, ○○풍선 투어 일행이신 다른 어머님 한 분이 에티하드항공의 네스카페 카푸치노를 너무도 사랑하셨기에,

"아가씨, 기내에 카푸치노가 정말 맛있다.~ 나 이거 가방에 좀 싸줘요. 여행 때 갖고 다니면서 마시게.~"
라고 하셨다. 사내 규정상 기내에 탑재된 음식, 물품을 과용하는 것은 지양하도록 되어 있지만 자꾸만 고향에 계신 우리 엄마처럼 생각되어서,

"어머님, 원래 이거 정말 이렇게 챙겨드리면 안 되는 건데, 에잇 그래도 여행 도중에 고단하시면 당이 필요하니까 조금 챙겨드릴게요."

하고 그분 가방에 네스카페 카푸치노 믹스를 애정을 담아 넣어드렸다. (나는 참고로 매우 손이 큰 여자다. 죄송합니다. 에티하드항공 관계자 여러분)
그러자 그 어머니께서는 양옆 그리고 앞뒤에 동행하시는 분들께,

"어머~~~~~~~~~~~ 아가씨가 딱 센스 있게 일을 잘하네. 꺄르르르르르르르"

하신다. 이후에 땅콩, 라면도 챙겨드렸다. 그리고 수다도 함께 떨어

드리며 긴 비행시간 동안 한국에 계신 어머니와 함께 여행하는 딸과 같은 마음으로 서비스를 제공해 드렸다.

드디어 10시간 만에 우리 비행기는 아부다비 국제공항에 착륙했다. 비행기가 멈추고 승객들이 하기하려고 줄을 서는데 어디에선가 남성 승객분이 오셔서 내 머리 위 선반에서 노트북을 꺼내셨고, 난 순간 속으로 '아차!' 하며 잊고 있었던 그 문제의 노트북을 떠올렸다.

비행 내내 정신없이 바빠 그 노트북에 대해 잊고 있었던 것이다. 그 승객께서는 다짜고짜 나에게 노트북을 보여주며 소리쳤다.

"아가씨! 아가씨가 내 노트북 망가뜨렸어? 이게 왜 이렇게 된 거야???? 내 거 떨어뜨린 거지?! 나 회의하러 여기 아부다비에 왔어. 그리고 이 노트북이 꼭 필요한데 아가씨 이제 어쩔 거야? 어?! 배상해. ~~~"

하고 언성을 높이셨다.

내가 분명 잘못한 것도 맞고 일부러 회피하려 했던 것도 아니었기에 다짜고짜 언성부터 높이시는 손님의 태도에 당혹감이 앞섰다. 그리고 손님께서 승무원 선반 위에 아무런 말씀 없이 물건이 떨어지도록 위험하게 올려놓은 부분도 있었기 때문에 먼저 차분히 사과드리고 상황에 대해 설명해 드린 다음 문제를 해결하기 위해 침착하게

293

이야기해 드리려 했지만 막무가내로 배상부터 하라고 소리치셨다.

그 순간, 빠빠라~빠라라라~ 빠라라라 빠빠(슈퍼맨 등장할 때 나오는 배경음) ○○풍선 투어 그룹의 어머님 한 분이 일어나셔서 내 앞을 가로막고 섰다.

"어머머머머머머머머! 손님, 진짜 그러시면 안 되죠.~ 승무원 아가씨 설명도 안 들으시고 다짜고짜 소리치시면 안 되죠!! 본인 자리도 아니신 거 같은데 말씀도 안 하시고, 그렇게 선반에 대충 넣어 두고 가셔서 우리 일행이 다쳤잖아요. 본인 자리가 아닌 곳에 중요한 물건을 보관하실 거면 미리 양해를 구하던지 혹은 말씀이라도 해 주셨어야 하는 게 아니에요? 게다가 선반 열다가 이 승무원 아가씨도 다쳤으면 어쩔 뻔했어요? 무작정 본인 행동은 생각도 안 하시고 이렇게 노트북만 가지고 뭐라고 하시는데 제가 불편해서 볼 수가 없네요. 이~렇~게 참~~~~하고 일 잘하는 우리 승무원 아가씨한테 소리는 왜 지르시는 거예요!!!!!!! 떽~~~~~~~~~! 이 승무원 아가씨에게 배상받으실 거면 우리 일행 중에서 저 노트북에 맞고 어깨 다친 사람 있으니 그 사람 먼저 배상해 주세요!!!!!!!! 안 그래요? 여기 계신 사람들?!"

나머지 ○○풍선 투어 고객님들께서 모두 "옳소!!!!!!!!!!!!!!!!!!!!!"
이렇게 맞장구치시며 박수까지 보냈다.

그러자 그 고객께서는 너무나도 적극적이신 나의 많은 아군들에
압도되어 아무 말씀도 못하시고 자리를 피하셨다. 역시 대한민국 어
머님들의 힘은 대. 다. 나. 다.

마치 라미란이라는 여배우가 '진짜 사나이'라는 프로그램에서 활
약했듯, 군인보다 더 씩씩하셨던 우리 어머님들 덕분에 나는 한고비
를 넘길 수 있었다. 물론, 이후에 다시 그 손님께 찾아가 사과드리고
절차에 따라 차분히 설명드리고 대처해 드리며 상황을 무사히 정리
했지만 말이다.

10시간 내내 한 번도 쉬지 못했던 힘든 비행이기도 했지만, 내
가족에게 서비스하듯 진심으로 임했던 비행에서 '진심'이라는 값진
말의 힘을 느낄 수 있었던 비행이기도 했다.

그리고 마지막으로 얻은 교훈 한 가지를 더 덧붙이자면,

'대한민국 어머니는 강하다!' (ㅎㅎㅎ)

비행일기 여덟 하늘 위에서 열린 기내 홈쇼핑

준성수기의 인천-암스테르담행 비행이었다. 늦은 시각의 밤비행으로 간단한 스낵 서비스 후 다수의 승객들이 잠을 청하였고 나는 여느 때처럼 갤리에서 이것저것 서비스에 필요한 품목을 정리 중이었다.

그때 승객 한 분이 쉽사리 잠을 청하기 어려우셨는지 갤리 근처를 맴도셨다. 나는

"손님, 도움 필요하신 거 있으세요?"

라고 여쭈었고 그 손님께서는 특별히 필요한 건 없으신데 장거리 비행이 지루하다고 하셨다. 이에 장거리 비행에 심심한 말동무라도 되어드리자 하는 마음에 이것저것 여행에 대해 이야기를 나누게 되었다. 그 손님께서는 유럽 지역을 2주에 걸쳐 여행한다 하셨고 나는 비행하며 메모장에 남겨두었던 각 유럽 지역의 맛집과 인생 포토존을 알려드렸다. 어느새 우리는 모녀처럼 편안하게 대화를 이어가고 있었다. 화장실에 가시던 다른 손님들도 우리의 재미있는 대화를 들으셨는지 하나둘 모이셨다. 그러나 다른 손님의 숙면에 방해가 될까 걱정되어 서둘러 기내 면세품 잡지를 가져다드리며 화제를 돌렸다. 하지만 나의 작전은 실패했다. 손님 한 분이 눈이 침침하다며 나에

게 제품 하나하나 설명을 부탁하셨다. 기내를 틈틈이 체크한 후 갤리로 돌아와 지루해 하시는 손님들을 위해 '자체적인 기내 면세품 광고'를 나는 그렇게 시작하였다.

손님이 한 제품에 대해 묻자,

"어머님, 이 액세서리는 요새 이렇게 착용하는 게 대세예요.~ 의정부댁 어머님, 이 스카프 하나면 장 보러 가실 때 간단히 두르셔도 의정부 패피(패션피플) 되실 수 있으실 거예요."

이러한 맞춤형 광고에 어머님들은 환히 웃으시며 눈빛이 빛나셨다. 뿐만 아니라 전라도, 충청도 지역에 맞춰,

"오메~ 광주에서 오신 어머님, 자제분께서 이번에 대학에 입학했다고 하셨지요잉~ 그라믄 20살 새내기의 머스트 잇 아이템이 요 향수인디 싸게싸게 봐 부러요!"

손님들의 방청객과 같은 호응에 그날 기내 면세품 판매는 매우 성공적이었다.

어느덧 비행시간이 훌쩍 지나 착륙을 했고 나의 기내 홈쇼핑 고객이셨던 손님들 한 분 한 분이 내리실 때마다 덕분에 비행시간이 짧게 느껴졌고 즐거웠다고 했다. 또 타향에 나와 살면서 어려운 일 있으면 언제

든지 연락하라며 연락처도 주시고 엄마와 같은 마음으로 따뜻하게 손도 잡아주셨다.

솔직히 승무원이라는 직업이 쉬운 직업은 아니라고 생각한다. 불규칙한 스케줄로 만성 피로에 시달리는 것은 기본이고, 휴일이 성수기인지라 매 연휴 때마다 가족과 함께 보낼 수 없는 아쉬움에 익숙해져야 하며, 규칙적인 끼니를 챙기는 것은 하늘의 별 따기이고, 가끔 자정이 넘어가는 시간에 기내에서 열심히 화장실 체크를 하는 나 자신을 보며 스스로 안쓰러운 마음이 들기도 한다.

하지만 이렇게 오랫동안 일할 수 있었던 이유는 내가 드리는 사소한 도움에도 감사해 주시고, 기내 안에서만큼은 손님의 식사, 건강, 즐거움, 안전 등 모든 것이 오로지 나의 서비스로부터 시작한다는 긍지 때문이었던 것 같다. 또 여행을 가시는 손님 기분에 내가 조금이라도 흥을 나눠드릴 수 있다는 자부심, 그리고 만인의 딸이 되기도 하고 언니, 누나가 될 수 있는 특권은 오직 승무원만이 누릴 수 있는 특별한 즐거움이라고 생각한다.

항공서비스과 면접관이 되고 나서 보니

2010년의 겨울, 핀란드에서 에티하드항공 오픈데이 면접이 있었다. 비싼 항공 티켓을 직접 구매하여 먼 나라까지 면접을 보러 가려니 부담이 컸다. 그래서 무려 2번의 환승과 16시간의 대기시간이 있는 표를 예약해야만 했다. 홍콩 공항에서 10시간 체류, 비엔나 공항에서 6시간을 머물러 핀란드에 도착할 수 있었다. 그때 내 머릿속에는 오로지 '에티하드항공 면접'뿐이었기에 그런 고생쯤은 대수롭지 않게 느껴졌다.

홍콩 공항에서의 겨울밤은 참 길고 추웠던 거 같다. 긴 대기시간 동안 게이트 근처 구석진 곳에 혼자 앉아 그동안 준비했던 면접 기출문제 답변 말하기를 연습했다. 나름 면접관에게 좋은 피부를 유지하여 잘 보이기 위해 수분 마스크팩을 얼굴에 올려놓고 말이다. 덕분에 의도치 않게 그곳을 지나던 여행객 몇몇이 '13일의 금요일 밤, 제이슨'을 본 것처럼 기겁을 하고 달아난 것 빼곤 큰 문제 없이 비엔나행 비행기에 오를 수 있었다.

기내에서도 나는 쉬지 않았다. 다른 승객들이 곤히 자는 불 꺼진 어두운 기내에서도 면접 연습에 열을 올렸다. 100번도 넘게 연습한 면접 답변을 밝게 웃으며 연습하고 또 연습했다. 어두운 기내에서 혼자 말하며 웃는 나의 모습에 객실 승무원 언니들이 내 정신건강을 걱정하는 눈초리가 조금은 신경이 쓰였지만 그 또한 전혀 개의치 않았다.

그렇게 도착한 비엔나 공항에서 폭설로 인해 탑승시간이 지연이 되었고, 어떤 노선은 결항되기도 했다. 원래 대기시간보다 2시간 더 늘어난 8시간 대기시간에도 비엔나행 비행이 결항되지 않아 너무 감사했다. 핀란드에 예정시각보다 3시간 늦게 도착하여 미리 예약한 숙소에 짐을 풀고 나니 새벽 3시였다. 같은 날 9시까지 면접장에 가야 했기에 3시간 정도 자고 일어나서 1시간 면접 연습을 하고 준비해 온 면접 복장을 곱게 차려입고 면접장으로 향했다. 숙소가 면접 장소에서 가까운 곳에 위치해 있어 다행이었지만, 무릎까지 눈이 쌓여 있던 거리를 구두만 신고 걸었던지라 면접 장소에 도착하니 다리가 온통 축축하게 젖어 있었다. 얼른 화장실에 가서 핸드드라이어에 몸을 녹이고 바로 면접에 임했다.

그해의 겨울은 정말 춥고, 배고팠고 서러웠다. 그러나 마법처럼 이 모든 게 기억나지 않을 만큼, 하고 싶은 것에 나의 모든 열정을 쏟아부을 수 있었기에 행복했던 기억만이 더욱 가득하다. 그리고 그 시절이 있었기에 나에게 객실 승무원이라는 직업은 더욱 특별했던 것 같다.

나는 학교에서 학생들에게 교수의 입장에서 지도하기보다는 선임 객실 승무원의 입장에서 면접에 대해 강의하고 지도하려고 노력해 왔다. 선배의 입장에서 멋진 나의 후배가 될 학생들과 진로에 대해 이야기하는 건 참으로 소중하고 재미있는 시간이다. 특히 요즘 학생들은 원하는 방향이 뚜렷하다. 또 이른(?) 시기부터 준비하고 열의를 다하는 모습에 놀라울 때가 많다. 어쩜 그렇게 재주가 다양하고, 아이디어도 통통 튀는지 감탄을 금치 못한다.

반면에 어떤 이들을 보면 '헝그리 정신'을 좀 더 가졌으면 하는 마음도 있다. 몇 번의 면접에 도전해 보다가 쉽게 포기한다든지, 어학공부를 더 많이 해야 하기 때문에 포기한다든지, 승무원 직무가 어렵다는 이야기를 듣고 꿈을 놓아버리는 학생들을 종종 마주할 때면 선배의 입장에서 나약한 마음을 이겨내지 못하고 훌륭한 자질을 썩히는 것 같아 참 안타깝다.

보통 그들의 공통점은 '핑계대기'에 익숙해져 있다. '갑자기 승무원보다는 다른 진로가 더 하고 싶어졌어요.', '승무원 업무는 어렵대요.' 혹은 '아직 승무원 될 준비가 덜 된 것 같아서…'라는 말로 본인을 속이기 위한 핑계대기를 한다.

그리고 **짧은 한순간 마음 편한 선택을 하지만 결국 객실 승무원으로 종사하는 이들을 마주할 때마다 두고두고 마음 한편에 자리 잡은 불편한 마음을 한평생** 간직하고 산다.

예전 영어 라디오 방송국에서 주최한 '해외취업' 관련 강연을 한 적이 있다. 그때 강연장에서 청중으로 계셨던 분께서 조용히 나에게 상담을 부탁했다. 나는 흔쾌히 상담에 응했다. 그분은 학창시절 일명 '펑계대기'를 했다고 했다. 진로를 바꿔 번듯한 직장에 사무직으로 종사하게 되었고 그때는 일하다 보면 잊히겠거니 하고 지냈다고 한다. 그 후 멋진 사람을 만나 가정을 꾸려 자녀까지 두고 있는데도 객실 승무원을 길에서 우연히 마주칠 때면 '그때 죽을 힘을 다해 더 도전해 볼걸…'이라는 아쉬움이 늘 가슴속에 남아 있다고 했다. 개인적으로 그분의 처지에 공감이 되어 안타까운 마음이 크게 들었다. 그것을 인연으로 나는 그분의 면접 준비를 틈틈이 따로 도와주게 되었다. 그리고 준비기간 동안 정말 '죽을 힘을 다해 후회가 남지 않도록' 그분께서 준비하시는 것을 느낄 수 있었다. 마침내 그분은 현재 당당히 외항사 승무원으로 비행하고 있다. 때론 일이 힘들 때가 있어도 하고 싶은 일을 할 때 오는 힘듦은 일도 아니라고 했다. 그리고 비로소 영원히 꿈일 것만 같던 꿈이 현실이 된 삶에서 사는 자신이 너무 행복하고 자랑스럽다고 했다.

| 마치며… |

나는 Gary Douglas의

"There is no formula and there is no answer.
There is only choice. What will you choose?"

(답도 공식도 없다. 오직 선택만이 존재할 뿐이다. 당신은 무엇을 선택하겠나?)

라는 말이 굉장히 인상 깊었다. 매 순간 올바른 선택을 할 수 없지만 본인이 원했던 선택을 확고하게 알게 된다면 조금 더 시간이 걸리더라도 돌아가 다시 그 선택을 하면 그만인 것이다. 하지만 '핑계대기' 선택은 자신을 속이고 한평생 본인의 꿈을 단지 꿈으로 가두게 할 뿐이다.

지금도 늦지 않았다.
당신의 꿈을 이뤄낸 꿈 같은 현실에서 살 것인가,
꿈을 포기한 현실 같은 삶을 살 것인가.
당신의 선택만이 존재할 뿐이다.

매 순간 본인이 선택하는 가치에 따라 우리의 삶은 매우 다른 모습으로 변한다는 것을 잊지 않기 바라며 『죽기 전에 승무원 하고 싶다』를 마친다.

마지막으로 이 한 권의 책이 완성되기까지 함께 작업해 주신 (주)백산출판사 관계자분들께 감사의 인사를 올립니다.

최은유

[현재]

(현) 한양대학교 관광학과 겸임교수
청암대학교 호텔항공서비스과 교수
호텔항공서비스과 면접관
호남매일일보 신문연작기고
경희대학교 관광학 석사
한양대학교 관광학 박사

[승무원경력]

KLM네덜란드항공 승무원
에티하드항공 승무원
사마항공 승무원

[그 외 경력사항]

GFN영어 라디오방송 출연
기업 및 공공기관 다수 출강
CS서비스강사 자격1급
이미지컨설턴트 자격
병원코디네이터 수료

저자와의
합의하에
인지첩부
생략

죽기 전에 승무원 하고 싶다

2019년 2월 20일 초 판 1쇄 발행
2022년 4월 30일 제2판 2쇄 발행

지은이 최은유
펴낸이 진욱상
펴낸곳 (주)백산출판사
교 정 편집부
일 러 스 트 권예원
본문디자인 이문희
표지디자인 오정은

등 록 2017년 5월 29일 제406-2017-000058호
주 소 경기도 파주시 회동길 370(백산빌딩 3층)
전 화 02-914-1621(代)
팩 스 031-955-9911
이메일 edit@ibaeksan.kr
홈페이지 www.ibaeksan.kr

ISBN 979-11-6567-252-2 13320
값 **16,000원**